生态环境产教融合系列教材

绿色展览运营

主　编：房　石　白　洋

副主编：毕会娜　徐国玲

曹艺丹　孟佳林

中国环境出版集团·北京

图书在版编目（CIP）数据

绿色展览运营 / 房石，白洋主编 ；毕会娜等副主编.
北京 ：中国环境出版集团，2025. 9. -- ISBN 978-7
-5111-6337-0

Ⅰ. G245

中国国家版本馆 CIP 数据核字第 2025P5E714 号

责任编辑 范云平
封面设计 宋 瑞

出版发行 中国环境出版集团
（100062 北京市东城区广渠门内大街 16 号）
网 址：http://www.cesp.com.cn
电子邮箱：bjgl@cesp.com.cn
联系电话：010-67112765（编辑管理部）
010-67113412（第二分社）
发行热线：010-67125803，010-67113405（传真）
印 刷 北京鑫益晖印刷有限公司
经 销 各地新华书店
版 次 2025 年 9 月第 1 版
印 次 2025 年 9 月第 1 次印刷
开 本 787×1092 1/16
印 张 12.25
字 数 233 千字
定 价 49.00 元

生态环境产教融合系列教材编委会

生态环境产教融合系列教材

总　序

培养大批应用型人才是贯彻落实党中央、国务院关于教育综合改革决策部署的必要之举，产教融合是高等学校培养应用型人才的必由之路。2017 年，国务院办公厅印发《关于深化产教融合的若干意见》（国办发〔2017〕95 号），明确要求深化职业教育、高等教育等改革，发挥企业重要主体作用，促进人才培养供给侧和产业需求侧结构与要素全方位融合，培养大批高素质创新人才和技术技能人才。深入推进产教融合在解决教育链与产业链脱节问题，将最新理论和技术落实落地，打破产业发展瓶颈，提升高校应用型人才培养质量等方面具有重要意义。

教材作为知识的载体，体现了人才培养目标的要求，是开展教学的基本工具，更是人才培养质量的重要保证。面对应用型人才培养的要求，教材改革迫在眉睫。目前在应用型人才培养过程中普遍缺乏合适的教材，往往借用原有的普通本科教材，其教学要求、教学内容和教学模式，都不适用于强调实践能力的应用型人才培养，难以实现应用型人才的培养目标；有些应用型教材地域性过于明显，或不成体系，限制了学生对行业整体性的了解。因此，面对行业产业需求，将专业教育链与对应的产业链有机衔接，编写兼具适用性和实用性的应用型系列教材非常迫切，并具有重要的现实意义。

党的二十大提出建设人与自然和谐共生的现代化。2023 年 12 月中共中央、国务院印发《关于全面推进美丽中国建设的意见》，明确了要加快形成以实现人与自然和谐共生现代化为导向的美丽中国建设新格局。贯彻落实习近平生态文明思想，加快形成绿色低碳生产生活方式，把建设美丽中国转化为社会行为自觉，已成为新时代发展的必然趋势。高等学校是人才培养、文化传承的重要阵地，在美丽中国建设中，要承担起培养生态文明建设人才、传播习近平生态文明思想、提高全民生态文明素质的重任。面对生态文明建设的新形势和美丽中国建设的明确要求，培养适应生态文明建设需要的应用型、复合型、创新型人才非常迫切。因为生态环境问题的交叉性、系统性和复杂性，在各行各业、生产生活各领域都存在生态环境问题，所以生态环境问题的解决不是某一个行业的事情。这样就使生态环境人才的培养具有两方面特点：一方面具有鲜明的应用型特点，要能够解决各行各业、各个领域的环境问题；另一方面具有交叉复合型特点，培养生态环境人才不仅仅是生态环境类专业独有的任务。因此，高等学校要站在将生态文明建设纳入"五位一体"总体布局的高度，将专业人才培养链与行业产业的生态环境需求有机衔接，培养生态文明建设需要的应用型人才。所以，开发针对各行各业生态环境问题的产教融合系列教材迫在眉睫。

河北环境工程学院前身是中国环境管理干部学院，由中国环保事业的奠基者曲格平先生创建，是中国最早开展环境教育的高校之一。建校 40 余年来，学校历经环保干部轮训、环保局长岗位培训、成人高等教育、高职教育、本科教育五个办学阶段，为环保事业源源不断地输送了大批中坚和骨干力量。学校在我国环保事业发展的各个阶段都发挥了重要作用，其发展历程见证了中国环境保护事业的发展历程，长期以来被誉为环保系统的"黄埔军校"。近几年，学校坚持应用型办学定位，以绿色低碳高质量发展需求为导向，优化学科专业结构，建设与行业产业需求有机衔接的专业集群；以产教融合为人才培养主要路径，建立产教融合协同育人的有效机制；以培养高素质应用型人才为根本目标，建立"跨学科交叉、校政企共育共管、多元协同促教"的应用型人才培养模式，改革课程体系和教育教学方法。其中，以课程建设为突破口，以产教融合应用型教材开发为抓手，针对生态环境类专业，梳理生态环保行业的需求，校企合作编写应用型教材；针对非生态环境类专业，梳理其对应的行业产业相应的绿色低碳发展需求，跨学科、跨行业校企合作开发相关教材。通过几年的实践探索，校企合作开发了这套生态环境产教融合系列教材，以期解决高等学校生态环境应用型人才培养缺乏适用教材的问题。

本系列教材以习近平生态文明思想为指导，坚持绿色低碳发展理念，覆盖多学科门类和行业产业领域，具有鲜明的生态环境特色。系列教材中的环境类专业课程教材，直接与生态环境保护产业链相关领域结合，培养服务生态环保行业的应用型人才；系列教材中的非环境类专业课程教材，针对其行业产业链中存在的生态环境相关问题，有针对性地将绿色低碳理念融入教材教学内容，为学生奠定坚实的生态文明职业素养。在具体的教材建设环节，成立了由高校“双师型”教师及行业企业一线具有丰富生产经验的专家组成的教材编写组，充分发挥校企合作双主体优势，立足于企业现实岗位中的具体工作过程，采取案例式、任务式、项目式教学设计模式，将企业先进的生产技术、管理理念和课程思政等教育元素融入教材，真正实现教材内容与企业具体岗位的需要全面融合，全方位保证了教材的适应性。本系列教材填补了全国生态环境产教融合应用型系列教材的空白，可供各普通本科院校、职业院校的生态环境类专业学生使用；同时，非生态环境类专业但开设与生态环境相关课程的，也可选取系列教材中相关的教材使用。

前　言

在全球资源短缺和环境问题日益严峻的背景下，绿色发展和低碳环保已成为各行各业的必然选择，会展行业也不例外。作为展示创新成果、促进交流与合作的重要平台，会展行业在推动经济和社会发展的同时，也带来了巨大的资源消耗和环境压力。近年来，绿色展览理念逐步渗透到会展行业的各个环节，从策划到实施，再到效果评价，形成了一种更加环保和可持续的会展发展模式。绿色展览不仅是会展行业的一种发展趋势，更是会展行业履行社会责任的体现，是对全球可持续发展目标的有力支持与具体实践。

绿色展览运营是指在展览的策划、设计、搭建、运营及拆除等全过程中，贯彻环境保护和资源节约理念，通过采用环保材料、节能技术和创新手段，降低展览活动对环境的负面影响，推动会展行业可持续发展的一种新型运营模式。本书正是针对这一需求，为会展专业学生及行业从业者提供了一套科学、系统的绿色展览运营方法和实践指导。

本书围绕绿色展览运营的核心要义，系统地展现了绿色展览运营的各个环节及其实现路径，涵盖了从理论基础到实践指导的完整内容。全书通过对绿色展览运营的基本概念、策划与立项、准备与组织、招展与招商、宣传与推广、现场服务与管理、评估与总结等方面的详细讲解，引导读者全面理解绿色展览运营的内涵和实际操作步骤，并形成科学、系统的绿色展览运营思维。

本书的一个突出亮点在于内容的系统性和科学性。书中不仅系统地呈现了绿色展览运营的完整路径，还结合典型案例的详细分析，梳理了国内外经典绿色展览运营项目的具体操作细节，如广交会、斯德哥尔摩家具展、上海世博会等，通过这些案例帮助读者吸取有效的策略与方法。各类案例不仅有助于深刻理解绿色展览运营的核心要素，也为实践操作提供了丰富的参考，使读者可以结合自身项目需求灵活运用，体现出理论与实践的双向支撑。

在策划方法上，本书提供了大量具有实操性的内容，涵盖从材料选择、会展设计、展台布局、能源管理到绿色交通、环保宣传等各个方面的内容。书中不仅详述了如何科学选择和使用可再生资源，还对节能设备、废弃物管理等实际操作提供了清晰的流程指导。例如，斯德哥尔摩家具展的绿色展台设计等具体做法在书中一一展现，通过生动的案例和操作细节，帮助读者更直观地理解绿色展台的呈现效果。

在结构编排上，本书力求理论与实践紧密结合，每个项目内容既包含系统的理论讲解，又配有丰富的实践案例分析，并辅以图表、流程图等形式展示复杂的策划和执行步骤，使内容更加直观、便于理解和操作。绿色展览运营的复杂性和创新性使得部分从业者在实际操作中可能面临不知从何下手的疑惑，而本书通过分步骤解析，帮助读者逐步完成从策划、组织、实施到评价的全过程，弥合理论与实践之间的鸿沟，以真正实现“学以致用”。

此外，作为校企合作的教材，本书在编写中还与企业合作，编写团队邀请了首都会展集团北辰会展研究院、中国会展经济研究中心原副主任应丽君教授、北京绿色会展产业发展工作委员会董军主任等，对本书的编写理念提供指导，也给予了大量的案例支持。这种协作不仅增强了教材内容的实用性，也使得教材更贴近会展行业的实际需求，为学生和从业人员提供了更具指导性的学习资源。

本书不仅是一部理论与实操相结合的工具书，也是一次对行业发展方向的深刻洞见。我们希望本书能为展览从业人员、策划者及学习者提供系统性、科学性的内容支持，帮助他们在展会展览中有效融入绿色发展理念，为行业的绿色转型注入新的活力，也为全球可持续发展贡献力量。

由于笔者水平有限，书中难免有错误或不妥之处，敬请广大读者批评指正。

编委会

2025 年 5 月

目　录

项目一　认识绿色展览

【学习目标】

1. 理解绿色展览的定义及其核心概念。
2. 把握绿色展览的主要特征。
3. 了解绿色展览的发展历程。

【案例导入】

绿色展览之都离我们有多远？

2016 年，上海提出建设国际会展之都的“十三五”规划。国际会展之都不仅体现在展览数量、场馆规模上，更体现在办展质量上，其中一个重要的衡量指标就是“绿色展览”。上海在场馆和展览面积上已全国领先，而在绿色展览方面跟国际上其他会展之都相比尚有差距。展台搭建期间，空气中弥漫着刺鼻的甲醛胶水味道；展览结束后，大量展台用材被当成垃圾或焚烧或填埋，既造成浪费又污染环境。

时任上海会展行业协会会长陈先进认为，绿色展览就是在展览过程中贯彻减量化、再利用、再循环的“3R”理念。如果某个展台使用可装配型材，展览后能回收再利用，而不是用新的木料喷涂、油漆，展览后只能作为垃圾，那么这个展台就是绿色展台；一个展览会里，若绿色展台达到一定比例，就可以认定为绿色展览。

上海推行绿色展览，路径非常重要。陈先进认为，倡导绿色展览要从“堵后路”“开前门”两个方面着手。“堵后路”就是制定标准，明确什么是绿色展台和绿色展览，展览结束后如何规范处理不可回收材料等。陈先进 20 世纪 90 年代曾去日本参展，展览结束后，日方提供若干个筐用于装运拆展台后的垃圾，这几个筐的运输是免费的，余下的垃圾清运需要支付较高的费用。美国和英国也在多年前出台了会展项目管理标准，明确了会议、展览和活动在运输、通信、市场宣传等方面的节能环保标准。

“开前门”是指政府支持鼓励绿色展览。对生产通用化、系列化、标准化、可循环使用展台型材的企业，对主动选择使用绿色材料的参展商，对绿色展览的主（承）办方和承办场馆，宜在财政补贴、税收优惠、金融创新等方面适当给予补偿。

（资料来源：《装修材料、纸质宣传材料浪费惊人，绿色展览之都离我们有多远？》）

【思考】

绿色展览强调在展览过程中贯彻“3R”理念。为了实现绿色展览，可从“堵后路”和“开前门”两个方面着手。前者涉及制定标准，明确绿色展台和展览的定义，以及规范处理不可回收材料的方式；后者则指政府应支持鼓励绿色展览，对生产绿色展台型材的企业、选择使用绿色材料的参展商以及绿色展览的主（承）办方和场馆给予适当的财政补贴、税收优惠等激励措施。

【任务认领】

选择当地近期举办过或正在举办的一个展览活动，亲身体验并观察其是否体现了绿色展览的理念。通过实地调研，撰写一份简短的调研报告，分享自己的观察和体会，加深对绿色展览概念的理解和认识。

任务一　掌握绿色展览的定义

一、什么是绿色展览

绿色展览是一种以环境可持续性为核心，贯穿展览全生命周期的系统性实践，旨在通过资源高效利用、污染最小化及生态理念传播，实现展览行业的经济效益、社会效益与环境效益协同发展。其概念包含环境友好性与经济可持续性双重内涵。在环境层面，强调通过“6R”原则实现展具材料循环利用，降低碳排放与废弃物产生；在经济层面，则通过现代信息技术优化空间布局，提升资源使用效率。这种双重属性使其区别于传统粗放式展览模式。

二、绿色展览的特征

以可持续发展为核心导向。绿色展览的根本目标是实现经济、社会与环境的协调可持续发展。其核心理念包括统筹人与自然和谐发展，处理好资源利用与生态保护的关系。展览活动需控制在环境和社会的可承载范围内，避免过度消耗资源或破坏生态。这一特征贯穿展览的全生命周期，从规划到执行均需符合科学发展观。

资源节约与循环利用。绿色展览遵循“3R”原则，强调资源的最大化利用和废弃物的最小化，在布展、物流、废弃物处理等环节，优先使用可再生材料和环保技术，减少资源浪费。通过节能技术（如高效变频空调、自然采光）和清洁能源（如太阳能、风能）降低能耗，实现能源高效利用。

节能减排与低碳环保。绿色展览注重降低能源消耗和减少碳排放，通过优化运营流程和技术手段（如数字化展示、智慧化管理）实现降本增效，同时减轻环境负担。部分展览甚至探索纳入碳排放权交易体系，以强化约束。

全流程生态化管理。绿色展览强调将生态化理念深度融入展览活动的全流程，涵盖展览策划理念、资源整合、场馆规划、参展行为及产业链的全链条生态化。例如，场馆需兼顾节能设计与社区环境协调；引导参展商采用环保展示方式；通过全链条的生态化管理，确保绿色展览理念落到实处。

三、绿色展览的核心要素与实施路径

绿色展览的实践是一项复杂的系统工程，其核心在于通过科学规划和技术创新，实现环境效益与经济效益的平衡。本任务从理念设计、材料选择、能源管理、技术应用和运营模式五大维度，系统解析绿色展览的核心要素，并结合实施路径与行业趋势，为展览从业者提供完整的理论框架与实践指南。

（一）绿色展览的五大核心要素

1．生态化设计理念

绿色展览的起点是生态化设计理念的贯彻。这一理念要求从展览的策划阶段即引入全生命周期管理思维。例如，德国汉诺威会展中心通过建筑信息模型（BIM）对展馆建材进行全生命周期模拟，成功将回收率提升 40%。在设计过程中，模块化原则成为关键，采用标准化铝制桁架与可替换面板组合，既能快速搭建展台，又可减少材料浪费。新加坡金沙会展中心的生物气候学设计则是自然融合策略的典范——利用中庭热压差形成自然通风系统，配合垂直绿化墙面，使空调能耗降低 30%。这些实践表明，生态化设计不仅需要技术创新，更需在空间规划中重构人与自然的关系。

2．可持续材料体系

材料选择是绿色展览的物质基础。当前行业已形成可再生性、可循环性和低碳性三大标准体系。上海进博会采用的 PET（聚酯纤维或涤纶）无纺布展台材料，可通过热熔技术实现 5 次重塑，较传统木质结构减少 85%的碳排放。在材料创新领域，荷兰 Design Academy 研发的菌丝体生物板材已应用于展览装饰，这种由真菌菌丝与农业废弃物合成的材料，在展览结束后可自然降解为肥料。材料管理的数字化转型同样值得关注，深圳会展中心通过植入 RFID 芯片（无线射频识别芯片）的展具追踪系统，将回收率提升至

97%，而“材料银行”共享模式的推行，则让参展商可像存取货币般调配标准化环保组件。

3．清洁能源系统

能源管理体系的革新直接决定着展览的碳足迹强度。国家会展中心（上海）的实践具有标杆意义：其屋顶光伏电站年发电量达 200 万千瓦·时，可满足 1 200 户家庭全年用电需求。在技术架构层面，清洁能源系统需整合被动节能、主动节能与智慧节能三层体系。丹麦贝拉会展中心的地源热泵系统，利用地下恒温特性实现高效供暖；而人工智能驱动的能耗预测平台，则能实时优化照明与空调运行策略。值得关注的是，东京奥运会展区首次大规模使用氢燃料电池应急电源车，相较传统柴油发电机减少 90%的碳排放，为大型活动清洁供能提供了新范式。

4．数字技术赋能

数字技术正在重塑绿色展览的实现方式。慕尼黑宝马展通过 AR 导航（基于增强现实技术的导航）系统替代纸质导览手册，单届展会减少印刷用纸 23 吨，同时提升了观众体验的交互性。物联网技术的深度应用则体现在智能管理层面：部署在场馆内的 200 余个环境传感器，可实时监测温度、湿度、$PM_{2.5}$ 等指标，并联动空调系统自动调节；智能垃圾桶通过图像识别自动分类垃圾，满载预警功能使清运效率提升 60%。大数据技术的价值在碳管理领域尤为凸显，拉斯维加斯消费电子展览会（CES）通过分析人流热力图，优化清洁路线规划，使能源浪费减少 18%。

5．闭环运营体系

构建废弃物闭环系统是绿色展览的终极挑战。京东物流为进博会开发的循环包装箱，采用区块链技术实现 100%流转追溯，较一次性包装降低成本 40%。在观众参与层面，乌镇互联网大会推出的“零废弃挑战赛”，通过押金制餐具和厨余堆肥系统，三天内减少垃圾 2.3 吨。欧盟推行的废弃物处理金字塔模型在实践中得到验证：巴塞尔钟表展将废弃展板制成 3 000 个文具盒捐赠给学校，实现从“回收”到“升级再造”的价值跃迁。这些案例证明，闭环运营需要技术、制度和公众参与的三重驱动。

（二）绿色展览的实施路径

1．四阶段动态管理模型

绿色展览的实施须贯穿策划、搭建、运营、评估全流程。在策划阶段，制定绿色展览章程至关重要，该文件应明确碳减排目标、材料选用标准和应急预案。广交会 2023 版章程即包含 47 项量化环保指标。搭建阶段的技术革新聚焦环保工艺，例如，采用磁吸式连接替代传统胶粘工艺，可使展台拆除损耗率从 35%降至 5%。运营阶段需建立动态管理体系，上海世博展览馆推行的“每日环保简报”制度，通过数据看板实时监控能耗与废弃物产生量，使运营团队能快速调整策略。评估阶段则需引入 PDCA［计划（Plan）、实施（Do）、检查（Check）、处理（Act）] 循环机制。美国拉斯维加斯会展中心通过年度LEED认证（能源与环境设计先锋认证）复审，持续优化雨水收集系统、提高光伏发电效率。

2. 利益相关方协同网络

绿色展览的成功依赖多方协作。一是政府引导。例如，深圳市出台了《绿色会展补贴办法》，对使用可循环展具的企业给予30%的成本补贴，同时严控PVC（聚氯乙烯）材料使用。二是参展商赋能。例如，德国汉诺威工业展建立“绿色展商白名单”，对符合环保标准的企业优先分配展位，并开放共享设备租赁平台。三是观众教育创新。例如，成都绿色生活展在电子票务系统中嵌入环保承诺书签署环节，使98%的观众主动参与垃圾分类。这种协同机制正在催生新型商业模式，如全国展具循环平台采用区块链技术实现跨区域展具调配，使运输距离平均缩短200千米。

任务二　了解绿色展览的发展历程

随着全球化趋势的迅速扩张，国际政治、经济、文化交流日益加强，我国的贸易规模逐年扩大。在这种背景下，以展览和会议为主要内容的中国会展业得到了快速发展，并已成为中国融入全球发展的新高地。

随着会展业的发展，中国展览工程从无到有发展到今天，一路走来既面对创新的挑战，也面临升级转型的机遇。可以说，绿色展览就是中国展览工程发展史上的一场“革命”，而这场“革命”的发展过程也展现出一幅幅令人难以忘却的场景。

（一）改革开放的土壤孕育出绿色展览的稚嫩萌芽（1978—2000年）

1978年，中国共产党十一届三中全会的召开，标志着中国进入社会主义现代化建设新时期，标志着中国改革开放的开始，中国会展行业也开始了新征程。一方面，专业从事展览业务主办、承办的企业或机构出现了，中国香港、新加坡等地区的会展服务企业进入中国内地市场，展览市场化运作初露端倪；另一方面，国内企业观念发生了很大的改变，认识到在市场经济体制下，产品要向商品转化、实现利润提升就必须重视营销，因此不少企业开始关注展览，尝试通过展览宣传推广产品，提升销量。因此，国内的展览会逐渐增多，第一批会展场馆相继建成，随之而来的就是国内最早一批展装企业的萌生与发展，展览产业开始形成并呈现迅猛发展的趋势。但由于处于发展初期，国内大众对展会认知有限，参展企业对展台的设计要求不高，同时也缺乏专业的展览设计人才，因此，大多数企业参展时选择设计简约、用材简单、安装便捷的标准展位或少量“标摊变异”展位，这也是绿色展览的最初雏形。

（二）在改革开放的浪潮中快速成长（2001—2010年）

跨入21世纪，中国会展行业在经济发展的浪潮中快速成长。2001年中国成功加入世界贸易组织（WTO），中国会展作为一种业态被正式纳入国民经济统计体系。2008年北京奥运会和2010年上海世博会的成功举办，对中国会展行业的发展起到了重要的推动作用。这一期间，展览策划运营、场馆设施租赁、会展专业服务产业链体系基本形成。国内各地区掀起了场馆新建的高潮，绿色标准展具在各场馆也都得到了全面的应用。与此同时，随着市场需求的不断提高，展览的形式逐步从低级向高级发展，参展企业不再满足于通过标摊来展示企业形象，而是更多地开始使用特装展位，展台风格也逐渐从简单朴素向独特、豪华转变。这就使价格便宜、便于现场加工的木料成为展台建造的主要原料，却也催生了资源浪费、展览垃圾、展馆二次加工等弊端问题。在这一阶段，为了更好地推进绿色展览的应用，灵通展览系统股份有限公司结合市场需求创新性地提出了“标准展位特装化、特装展位标准化”的产品理念，通过对绿色展材的功能延伸与展位方案的设计创新，来满足展商以及展装工程企业对于展台外观、材质及成本控制的多方面需求，提倡在特装搭建上不过分追求高、大、亮，用可重复循环使用的环保材料替代一次性木材，减少装饰材料用量、减少污染源，推动会展活动实现低碳、环保、可持续发展。

（三）会展经济的发展促使展览工程业界达成促进绿色展览发展的共识（2011—2020年）

随着中国会展经济的蓬勃发展，展览活动数量激增，企业参展日趋频繁。然而，快速发展伴随着环境破坏、能源消耗、资源浪费加剧，展览工程行业陷入了粗放型管理与无序竞争态势。据统计，这一时期的中国展览工程行业80%以上采用不可回收、价格低廉、污染严重的一次性材料，其中以木材和一次性喷绘材料居多。业界人士形象地比喻：一个展览会的结束就是一个垃圾场的诞生。面对这一现象，越来越多的有识之士开始反思会展行业高能耗、高污染的弊端，对行业提出绿色循环可持续的要求，展览产业链各个环节的环保意识也在逐步增强，绿色展览成为行业发展的必然选择。

政策层面为绿色发展提供了有力支撑。2015年，《国务院关于进一步促进展览业改革发展的若干意见》中明确提出：“倡导低碳、环保、绿色理念。”党的十八届五中全会又确立了新发展理念：创新、协调、绿色、开放、共享。2017年，国务院办公厅转发国家发展改革委、住房和城乡建设部关于生活垃圾分类制度实施方案的通知，这些因素都加速了绿色展览的推进。

各级展览场馆、展览主办方积极响应，推出了一系列绿色展览发展措施。例如，“中国第一展”广交会，从 2013 年秋交会开始实施绿色展览推广计划，并制定了绿色发展目标——在 2014 年至 2016 年的三年时间内，通过对参展商提出绿色参展要求、对展览工程企业实施绿色展装培训来实现广交会 100%的绿色展位普及；2018 年举行的首届中国国际进口博览会，更是对展位设计和工程服务明确提出要遵循“6R”原则，即尊重自然（Respect）、可再生材料和新材料（Renew）、再利用和可循环使用（Reuse and Recycle）、减少废弃物和污染物（Reduce）、记忆和教育（Remember），并从绿色设计、绿色选材、绿色安全施工三个方面细化进博会绿色展位的相关要求。

2020 年，突如其来的新冠疫情给全球会展业造成重创，国内外会展业几乎全部“停摆”。直至 5 月，长沙举办全国第一场大型车展，带动了国内展会逐步复苏。

（四）后疫情时代新发展进程

后疫情时代，中国会展行业呈现五大新的发展特点——双、快、好、省、绿：以国内大循环为主体，形成国内国际双循环相互促进、展会线上线下相结合的发展新格局；在这一基础上，要求线下展会做到进一步节约布展时间，实现方便快捷搭建，在满足参展环境安全、防疫要求严格、展示效果良好的前提下实现材料的重复使用，最大化节约资源，最终实现减少展会垃圾产量、营造绿色展览新生态的发展目标。可以说，后疫情时代绿色展览的发展进程得到了进一步提速。

2021 年，“十四五”规划开局，全国经济高质量发展与更高水平对外开放对展览行业提出了更高的要求。践行绿色展览仍然是大势所趋，任重道远。绿色展览的发展需要会展产业链上下各环节、政府、行业机构、组展商、场馆方、服务商以及参展商这六大会展业组成力量联动推进。未来，随着各方共同努力，我国有望形成提倡绿色搭建、使用绿色材料、组织绿色展会的行业规范与良好氛围，实现会展行业绿色可持续发展，助力建设国内国际双循环相互促进的发展新格局，推动经济社会全面绿色转型。

【任务小结】

掌握绿色展览的定义和特征：绿色展览是以环境可持续性为核心的系统性实践，贯穿展览全生命周期，强调资源高效利用、污染最小化及生态理念传播。其特征包括可持续发展导向、资源节约与循环利用、节能减排与低碳环保、全流程生态化管理。

了解绿色展览的发展历程：从改革开放初期的萌芽阶段（1978—2000 年）、快速成长期（2001—2010 年）、绿色共识形成期（2011—2020 年）到后疫情时代的新发展进程，梳理了中国绿色展览的发展脉络。

【案例】

2010 年上海世博会（Expo 2010）

2010 年上海世博会是中国首次举办的大型国际性综合博览会，以“城市，让生活更美好”为主题，吸引了全球 246 个国家和国际组织参展，参观人数达到 7 308 万人次，成为当时参观人数最多的一届世博会。此次世博会不仅展示了各国的文化、科技和城市发展成果，更在绿色展览实践方面取得了显著成就，成为全球绿色会展的典范。

(1) 绿色展馆设计：在展馆设计方面，上海世博会充分体现了绿色理念。各国展馆在设计和建设过程中，积极采用环保材料和节能技术，力求降低对环境的影响。例如，英国馆“种子圣殿”使用可降解材料，德国馆采用太阳能供电系统，中国馆融入雨水收集和自然通风技术。

(2) 废弃物管理：在废弃物管理方面，上海世博会推行了严格的分类回收制度，展会期间垃圾回收率达到了 80%。这一成果的取得，得益于世博会组织方在园区内设置了完善的垃圾分类设施，并通过多种渠道向参观者宣传垃圾分类的重要性。此外，世博会还减少了一次性材料的使用，鼓励参展商和参观者使用可重复使用的物品。

(3) 低碳交通：提供新能源接驳巴士，鼓励观众使用公共交通。世博园内投放了超过 1 000 辆新能源汽车，包括纯电动巴士、超级电容巴士和燃料电池汽车。这些新能源车辆不仅减少了碳排放，还为参观者提供了便捷的交通服务。此外，世博会还与上海市的公共交通系统进行了无缝对接，方便参观者通过地铁、公交等方式到达世博园区。

(4) 政策支持：上海市政府对绿色展台搭建企业给予税收优惠，推动行业标准化。

上海世博会的成功举办，不仅提升了中国在全球绿色会展领域的地位，还为后续绿色展览标准的制定提供了重要参考。世博会期间，各国参展方和国际组织对中国的绿色展览实践给予了高度评价。例如，时任联合国秘书长潘基文表示，上海世博会展示了全球的多姿多彩、建筑设计的饕餮盛宴、丰富深刻的展览以及浓郁的游客多元文化的大融合，让世界为之欢腾。此外，上海世博会的经验也为其他国家和地区举办类似活动提供了借鉴，推动了全球绿色会展的发展。

2010 年上海世博会通过绿色展馆设计、废弃物管理、低碳交通、政策支持、技术创新和公众教育等多方面的实践，成为绿色展览的标杆，为全球绿色会展的发展做出了重要贡献。

【任务测试】

1. 绿色展览的“3R”原则具体指哪些内容？

2. 简述中国绿色展览发展历程中的三个关键阶段及其特点。

3. 为什么说全流程生态化管理是绿色展览的重要特征？

4. 列举两种绿色展览中常用的节能减排技术。

5. 后疫情时代绿色展览的发展呈现哪些新特点？

【任务拓展】

生命周期理论在绿色展览宣传推广中的应用

生命周期理论是一种分析产品或服务从诞生到消亡各个阶段特征的理论框架。在绿色展览的宣传与推广中，该理论可以帮助我们更好地理解不同阶段的宣传重点和策略，从而制定更加精准和有效的宣传计划。

引入期：绿色展览的萌芽

在绿色展览的引入期，宣传的重点是提高公众对绿色展览的认知度和兴趣。此时，绿色展览作为一种新兴的概念，需要通过各种渠道向公众传达其独特的价值和意义。例如，可以通过举办小型的绿色展览体验活动，让公众亲身体验绿色展览的魅力；或者利用社交媒体平台发布关于绿色展览的科普文章和视频，引发公众的好奇心和讨论。还可以邀请行业内的专家和意见领袖进行演讲和分享，为绿色展览的发展提供理论支持和指导。

成长期：绿色展览的快速发展

随着绿色展览逐渐为公众所接受，宣传的重点也应随之调整。在成长期，宣传目标是扩大绿色展览的影响力和市场份额。此时，可以通过与更多的行业伙伴进行合作，共同推广绿色展览。例如，与建筑、设计、环保等相关行业的企业、机构和组织合作，举办联合推广活动，共同宣传绿色展览的理念和价值。同时，还可以利用各种媒体渠道进行广告宣传，提高绿色展览的知名度和曝光率。此外，还可以通过举办各种形式的竞赛和评选活动，激发公众的参与热情，进一步扩大绿色展览的影响力。

成熟期：绿色展览的稳定发展

在绿色展览的成熟期，宣传的重点是巩固绿色展览的品牌形象和市场地位。此时，可以通过持续的宣传和推广活动，保持公众对绿色展览的关注和兴趣。例如，定期举办绿色展览的系列活动，如研讨会、论坛、工作坊等，为公众提供持续的学习和交流机会。同时，还可以利用各种媒体渠道进行深度报道和专题宣传，展示绿色展览的最新成果和成功案例，进一步提升绿色展览的品牌形象和影响力。此外，还可以通过与政府、行业协会等机构的合作，共同推动绿色展览标准化和规范化发展，为绿色展览的长期稳定发展奠定基础。

衰退期：绿色展览的转型与创新

随着市场环境的变化和公众需求的不断变化，绿色展览也可能面临衰退的风险。此时，宣传的重点是引导绿色展览的转型与创新，寻找新的发展机会。例如，可以通过市场调研和分析，了解公众对绿色展览的新需求和期望，从而调整绿色展览的定位和内容，推出更加符合市场需求的新产品和服务。同时，还可以利用各种媒体渠道进行宣传和推广，引导公众关注绿色展览的转型与创新，为绿色展览的发展注入新的活力。此外，还可以与科技企业、创新机构等合作，共同探索绿色展览的新模式和新路径，推动绿色展览的可持续发展。

总之，生命周期理论为绿色展览的宣传与推广提供了一个清晰的框架和思路。根据不同阶段的特点和需求，制订相应的宣传策略和计划，可以有效地提高绿色展览的宣传效果和市场竞争力，为绿色展览的长期稳定发展提供有力支持。

【实训】

实训任务一：绿色展览案例分析

选择一场国内或国际知名的绿色展览（如广交会绿色展区、德国汉诺威工业博览会），分析其绿色实践，撰写案例分析报告。

成果要求：报告需包含展览背景、绿色措施（材料、技术、政策）、效果评估及改进建议。

实训任务二：设计绿色展览方案

假设你所在城市将举办一场以“零废弃”为主题的绿色展览，设计一份初步方案，包括展馆布局、材料选择、能源方案及观众互动环节。

成果要求：提交方案文档，附设计草图、材料清单及预算表，确保符合“3R”原则。

实训任务三：绿色展览调研

实地调研本地一场展览，评估其绿色化程度（如材料环保性、能源使用、废弃物处理），提出优化建议。

成果要求：提交调研报告，包含评估指标、数据记录、问题分析及改进措施。

项目二　理解绿色展览运营

【学习目标】

1. 了解绿色展览运营的概念。
2. 了解可持续发展的内涵、特征、原则、内容。
3. 了解碳中和的概念、价值和意义。
4. 掌握绿色展览运营的基本原则。

【案例导入】

绿色办展引领潮流　“广交会样本”正当时

低碳环保的产品比比皆是，绿色产品和技术成为热门话题，展览环境更为环保、低碳、舒适……第 133 届广交会充分展现国际一流绿色展会的底色，低碳环保的绿色新风尚遍布展馆的每个角落，为会展业绿色低碳发展贡献了“广交会样本”。

自 2014 年起，广交会开始实施绿色发展计划，至第 120 届已实现 100%绿色布展的目标。

开展绿色展位奖评选，树立低碳布展优秀典范，倡导绿色参展、绿色会议、绿色交通和绿色餐饮……广交会在实施绿色布展的同时，引导企业巩固绿色发展成果，将绿色发展理念贯穿会展全产业链。

“推动‘双碳’目标的实现是近年来广交会的重要任务之一。”唐秋美表示，参展企业充分意识到绿色环保的重要性，这也将加速推动企业迈向高质量发展，实现可持续发展目标。

据了解，广交会展馆 A 区获得美国既有建筑运营与维护金级认证，这是国内首个获此认证的展馆类建筑。展馆 B 区和 C 区获得 LEED 认证体系中的铂金级认证，这是该体系的最高等级，标志着广交会展馆成为全球最高效的绿色展馆之一。

近年来，广交会还牵头编制了《绿色展台评价指南》《展览场馆安全管理基本要求》《绿色展览运营指南》三项国家标准。

“毫无疑问，不论是广交会本身，还是前来参会的展客商，对低碳环保的重视程度均越来越高。”贾新宪表示，广交会在绿色办展的同时，将环保理念传递给每一位展客商，引导企业在积极推进产业结构调整的过程中向更加环保、高附加值的产业转型，也提升了企业的整体竞争力。

（资料来源：顾鸿儒. 国际商报，2023-05-08）

【思考】

随着我国会展业的不断发展，绿色展览正在成为会展业潮流，并引领中国会展业向更高更强发展。与传统会展模式不同，绿色会展以可持续发展为原则，以信息技术和新材料应用为载体，是一种全新的发展模式，也是贯穿会展产业上下游的生态体系。因此办好绿色展览，是会展业必须重视的问题。

【任务认领】

为贯彻落实《国务院关于进一步促进展览业改革发展的若干意见》（国发〔2015〕15 号）、《江西省会展业“十四五”发展规划》、《江西省加快会展业发展三年行动计划（2021—2023 年）》等文件精神，提高创新人才服务于会展业的意识，搭建“政、校、企、协”合作资源平台，储备优秀青年会展人才，江西省商务厅、江西省教育厅决定联合举办第六届大学生绿色会展创新创意挑战赛。

2023 年，第六届大学生绿色会展创新创意挑战赛如期开赛。大赛主题是“加快建设美丽江西，促进人与自然和谐共生”。依据所学的绿色展览相关知识，制定绿色展览策划方案。

任务一　了解绿色展览运营的理论基础

一、绿色展览运营的概念

运营管理也称生产管理，是将人力、物料、设备、技术、信息、能源等生产要素有效地化为有形产品或服务的过程。展览运营管理就是对会展运营过程的计划、组织、实施和控制，是与展览服务创造密切相关的各项管理工作的总称。

绿色展览运营指的是展览相关方相互协同，将减量化、再使用、再循环等原则贯穿展览全过程，优先使用环保设计、技术、工艺以及设备设施、材料和场所等要素，实现展览可持续发展的运营行为。

政府或行业会展管理者应具有产业观念、系统观念、法治观念、科技观念和绿色观念。会展企业（包括展览公司、会议公司、场馆公司等）要具有服务意识、产品意识、质量意识、规范意识、品牌意识、营销意识、效益意识和绿色意识。他们一起将这些观念和意识渗透并运用到展览运营中，就形成了绿色展览运营的理念及在实践中的应用。

【延伸阅读】

东莞厚街创建“无废会展”

厚街镇是东莞市的产业重镇，也是会展业的核心镇，每年有 40 余场展会和活动在此举办。据厚街镇“无废城市”建设领导小组办公室相关负责人介绍，目前我国主流布展物料包括地毯、木质框架、金属框架、PVC 宣传物料、布质宣传物料、纸质宣传物料、电子显示屏等，每举办一场展会，都会消耗大量物料。在大力建设“无废城市”的当下，探索发展“绿色会展”显得尤为重要。

2023 年 8 月 15 日，首个全国生态日当天，厚街镇以“生态东莞　绿美厚街”——东莞市 2023 年全国生态日主场活动暨厚街镇创建“无废会展”启动为契机，提出创建“无废会展”的目标，致力于推动全镇会展业绿色低碳循环发展。

市镇两级发力　打造“无废城市”

所谓“无废会展”，就是按照“减量化、资源化、无害化”管理原则，将“无废”理念深度融入展会筹备、办展、撤展的全过程、各领域和各环节，推动实现会展产生的固体废物能减尽减、办展物资可用尽用，使固体废物环境影响降至最低的会展管理模式。同时推动形成绿色低碳可循环的发展方式，助力东莞市“无废城市”建设提质增效。

来到厚街镇，一座大型现代化索网结构展馆十分引人注目，这就是展览面积达到 13 万平方米、有“亚洲单体面积最大的展馆之一”称号的广东现代国际展览中心（以下简称展览中心）。为了重点打造“无废会展”建设样板，厚街镇以“五个一”为总抓手，持续推进展览中心固体废物减量化、资源化、无害化，并以展览中心为平台，将国际车展、莞交会、加博会、智博会、漫博会、台博会、家具展等展会打造成为“无废会展”示范项目，引导一批参展企业进驻“无废会展—无废展区”，以点带面开展“无废会展”创建，推动“无废会展”建设主要指标达到国内先进水平。同时，东莞市还将大力发展“无废会展”产业配套体系，加强再生资源体系、生活垃圾体系、工业产业体系协同合作，包括引入和培育一批生产绿色、环保布展物料的企业，为“无废会展”提供多重保障；一体化打造“无废酒店”“无废展馆”等“无废”细胞工程，将“无废”元素融入参展人员的衣、食、住、行中；提供“无废”参展方案，降低参展商参展成本，持续提升“无废城市”影响力。

知名展览盛事　变身“无废会展”

2023 年，广东国际汽车展示交易会和首届东莞莞企莞货交易会均在展览中心举办。在莞交会期间，有展览公司专门为参展企业提供绿色“无废”布展服务，并在厚街镇设立了以“模块化、可再生、可循环”为原则的“绿色展厅”，实现了设计简约化和构件标准化，为广大参展商提供了高效搭建和材料循环利用的布展示范方案。

走进展览中心，展馆内部温度、湿度、空气流速、风量等均可根据季节进行智能优化调整，通风系统可按会展区域和时间提前做好开关设置；馆内均使用 LED 灯具，馆外为太阳能路灯；馆内卫生间逐步改用压感冲水设备，相较于传统开关式冲水器具节水 30%。这些举措在很大程度上降低了展馆的能耗，提高了水资源利用率。

在展位布置方面，国际车展采取布展物料全过程监控，推进绿色、循环物料使用，共有 58 个汽车品牌展位采用可循环使用展台桁架，占比约 97%，其中大部分为本地租赁，展览宣传物料生产本土化，降低物料运输能耗。莞交会期间，有 380 家展商采用可循环使用展台桁架，占到了参展展商的 95%。

两次展会还着力减少印刷物料和纸质宣传物料的使用，采用线上预约、电子门票等方式实现门票无纸化。展览结束后，展览中心与会展主办方、参展商达成共识，布展产生的固体废物经分类收集后，统一交由展览中心转移处置。撤换展期间，展览中心也加强对物流车辆、撤展工具及物料清理的监管，提高撤换展效率，确保撤换展过程安全、高效、固体废物减量。

从衣食住行入手　倡导“无废生活”

为全方位、全流程打造“无废会展”产业，领导小组及相关成员单位还从衣、食、住、行等细节入手，推动会展主办方、参展商及广大观众形成绿色低碳习惯理念，践行“减量”“无废”生活方式。

在出行方面，展览中心设有便捷的公共交通资源，大力推广绿色出行。观众可搭乘东莞市轨道交通 2 号线，在“展览中心”站下车直达车展现场，展览中心周边还设有公共汽车车站，展览中心北站、展览中心东站、厚街专线车站均有公共汽车接驳。香港国际机场跨境大巴也可以直达展览中心周边酒店，然后通过酒店摆渡小巴集中出行。

为畅通出行“最后一公里”，车展期间，展览中心周边共规范设置共享单车投放点 12 个，投放共享单车 240 辆，基本满足参展公众出行需求。

据统计，国际车展期间展览中心地铁站人流量达 9 万余人次，超过 2 600 车次公交汽车接送参展旅客，有 43.75%的观众通过地铁、公交车等绿色出行工具前往观展；莞交会期间共有 9 车次的跨境大巴和摆渡小巴为旅客提供一站式服务。共有 80 家参展企业自愿选择集中出行，并自行安排租赁客车 20 架次，按照预约的时间到达指定的交通枢纽点接送参展企业，极大地提升了展会的运行效率，减少了人均交通能源消耗，达到了低碳出行的目的。

（资料来源：江镕．环境，2023-08-16）

二、可持续发展理论

（一）可持续发展的内涵

可持续发展是指既满足当代人的需要，又不对后代人满足其需要的能力构成危害的发展。可持续发展理论的最终目的是达到共同、协调、公平、高效、多维的发展。可持续发展理念强调在经济发展过程中，要注重环境保护和资源节约，以确保未来的可持续发展。在中国，可持续发展战略已经成为国家的重要战略之一。中国政府采取了一系列措施来推动可持续发展，包括加强环境保护、促进资源节约和高效利用、推动绿色发展等。总之，可持续发展理论是一个综合性的理论，它涵盖了经济、社会、环境等多个方面，旨在实现人类与自然的和谐共处。

可持续发展理论的核心是发展。可持续发展是针对传统发展模式的弊端而提出的一种新的发展观，这种新发展观是为了促进人类社会更好地发展而不是限制发展。从现实情况来看，要提高一个国家的综合国力，就要靠发展；要进一步提高人民的物质文化水平，要靠发展；要解决人们在社会实践过程中产生的思想认识问题，最终也要靠发展。经济发展是我们一切社会实践的物质基础，落后和贫穷不可能实现可持续发展的目标，也不可能保证人口、资源、环境与经济协调发展。

可持续发展理论的目标是使经济与社会发展形成良性循环。20 世纪 80 年代以前，尤其是发展中国家，为了保障人民的生活，不得不把经济的发展建立在对自然资源的过度开发和消耗上，造成资源的过度消耗和环境污染。随着工业化和城市化的进程加快，环境污染和生态破坏问题越来越严重，人口对资源环境的压力越来越大。同时，技术进步缓慢，生产工艺设备落后，管理水平低下，致使能源、原材料消耗大，经济效益差，资源浪费和环境污染更严重。正因如此，自然、经济和社会的发展呈现一种恶性循环。可持续发展理论的目标是不仅满足人类的各种需要，务使人尽其才、物尽其用、地尽其利，而且要关注各种经济活动的生态合理性，保护生态资源，不对后代人的生存和发展构成威胁。也就是说，既考虑当前发展的需要，又要考虑未来发展的需要，不以牺牲后代人的利益为代价来谋求满足当代人利益，使经济与社会发展步入良性循环。

可持续发展理论的道路是走绿色发展之路。传统经济发展走的是“先污染，后治理”的黑色发展道路。人们通常把环境问题看作外部不经济性的一种表现形式，在“谁污染，谁治理”或“谁污染，谁付费”的原则下，强调末端治理的解决方式，其结果不能解决环境问题。可持续发展理论要求经济发展必须有利于资源的持续利用，有利于生态系统的良性循环，要保护好人类赖以生存与发展的大气、淡水、海洋、土地和森林等自然环境和自然资源，防止环境污染和生态破坏，走绿色发展道路。

（二）可持续发展的特征

1. 可持续发展理论具有思维综合性

这是因为研究可持续发展问题涉及生态学、环境学、经济学、社会学和哲学等学科和领域，因而可持续发展理论建设需要自然科学、社会科学和人文科学的大综合。可持续发展理论将人类、社会、自然看作一个有机整体统一考虑，注重协调约束各自的行为限度，达到一个动态的平衡发展。

2. 可持续发展理论具有社会历史性

从可持续发展问题和理论的产生来看，它是人类社会发展到一定阶段的产物；从研究的具体内容和形式来看，可持续发展理论在具体的历史时期有所不同；从可持续发展问题的解决方式来看，可持续发展问题的最终解决和理论完备本身也具有社会历史性。

3. 可持续发展理论具有实践性

可持续发展理论研究的对象和内容来自社会实践，研究的成果也需要在实践中经受检验，需要不断丰富和完备，并且最终为实践服务。

（三）可持续发展的原则

1. 公平性原则（fairness）

在人类需求方面存在很多不公平因素，所谓的公平是指社会选择的平等性。可持续发展所追求的公平性原则包括三层意思：一是本代人的公平，即同代人之间的横向公平性。当今世界一部分人富足，而另一部分人特别是占世界人口 1/5 的人口处于贫困状态，这不可能实现可持续发展。因此，要给世界公平的分配和公平的发展权，要把消除贫困作为可持续发展进程中特别优先的问题来考虑。二是代际间的公平，即世代人之间的纵向公平性。要认识到人类赖以生存的自然资源是有限的，本代人不能因为自己的发展与需求而损害人类世世代代满足需求的条件——自然资源与环境。要给世世代代以公平利用自然资源的权利。三是公平分配有限资源。目前的现实是，占全球人口 26%的发达国家消耗的能源、钢铁和纸张等占全球的 80%。联合国环境与发展大会通过的《关于环境与发展的里约热内卢宣言》（简称《里约宣言》），已把这一公平原则上升为国家间的主权原则。

2. 持续性原则（sustainability）

持续性原则的核心思想是指人类的经济建设和社会发展不能超越自然资源与生态环境的承载能力。这意味着，可持续发展不仅要求人与人之间的公平，还要顾及人与自然之间的公平。资源与环境是人类生存与发展的基础，离开了资源与环境就无从谈及人类的生存与发展。可持续发展主张建立在保护地球自然系统基础上的发展，因此发展必须有一定的限制因素。人类发展对自然资源的耗竭速率应充分顾及资源的临界性，应以不损害支持地球生命的大气、水、土壤、生物等自然系统为前提。换句话说，人类需要根据持续性原则调整自己的生活方式、确定自己的消耗标准，而不是过度生产和过度消费。发展一旦破坏了人类生存的物质基础，发展本身也就衰退了。

3．共同性原则（common）

尽管世界各国历史、文化和发展水平有差异，可持续发展的具体目标、政策和实施步骤不可能一致。但是，可持续发展作为全球发展的总目标，所体现的公平性和可持续性原则却是共同的，并且，实现这一总目标，必须采取全球共同的联合行动。从广义上说，可持续发展的战略就是要促进人类之间及人类与自然之间的和谐。如果每个人在考虑和安排自己的行动时，都能考虑到这一行动对其他人（包括后代人）及生态环境的影响，并能真诚地按“共同性”原则办事，那么人类内部及人类与自然之间就能保持一种互惠共生的关系。

（四）可持续发展的内容

可持续发展涉及可持续经济、可持续生态和可持续社会三方面的协调统一，要求人类在发展中讲究经济效率、关注生态和谐和追求社会公平，最终达到人的全面发展。这表明，可持续发展虽然缘起于环境保护问题，但它已经超越了单纯的环境保护。它将环境问题与发展问题有机地结合起来，已经成为一个有关社会经济发展的全面性战略。具体而言，包括以下几个方面。

在经济可持续发展方面：可持续发展鼓励经济增长而不是以环境保护为名取消经济增长，因为经济发展是国家实力和社会财富的基础。但可持续发展不仅重视经济增长的数量，更追求经济发展的质量。可持续发展要求改变传统的以“高投入、高消耗、高污染”为特征的生产模式和消费模式，实施清洁生产和文明消费，以提高经济活动效益、节约资源和减少废物。从某种角度上讲，集约型的经济增长方式就是可持续发展在经济方面的体现。

在生态可持续发展方面：可持续发展要求经济建设和社会发展要与自然承载能力相协调。发展的同时必须保护和改善地球生态环境，保证以可持续的方式使用自然资源和环境成本，使人类的发展控制在地球承载能力之内。因此，可持续发展强调了发展是有限制的，没有限制就没有发展的持续。生态可持续发展同样强调环境保护，但不同于以往将环境保护与社会发展对立的做法，可持续发展要求通过转变发展模式，从人类发展的源头、从根本上解决环境问题。

在社会可持续发展方面：可持续发展强调社会公平是环境保护得以实现的机制和目标。可持续发展指出世界各国的发展阶段可以不同，发展的具体目标也各不相同，但发展的本质应包括改善人类生活质量，提高人类健康水平，创造一个保障人们平等、自由、教育、人权和免受暴力的社会环境。这就是说，在人类可持续发展系统中，生态可持续是基础，经济可持续是条件，社会可持续才是目的。人类应该共同追求的是以人为本位的自然—经济—社会复合系统的持续、稳定、健康发展。

【延伸阅读】

重庆国际博览中心作为中国西部地区重要的会展综合体，始终将绿色可持续发展理念贯穿场馆规划、建设与运营的全生命周期，打造了集生态环保、智能高效、资源循环于一体的绿色展馆典范。

一、绿色设计理念：生态与建筑的共生

1. “山城江景”融合设计

展馆依山傍水，东临会展公园，西接嘉陵江，通过梯田状生态坡与滨江湿地系统将展馆群与会展公园、自然水系有机衔接，实现建筑与自然景观的有机融合。

2. 雨水循环系统

年雨水回用量达 7.5 万立方米，用于绿化灌溉与景观补水。

3. 立体绿化网络

屋顶绿化与垂直绿化面积超 5 万平方米，有效降低了热岛效应。

4. 低碳建筑技术应用

被动式节能设计：采用 Low-E 三层双中空玻璃、热致调光玻璃及地源热泵系统，综合节能率超 90%。

5. 光伏一体化建筑

屋顶光伏板年发电量超 200 万千瓦·时，满足场馆 10%的用电需求。

二、智能技术赋能：绿色运营的数字化支撑

1. 智慧能源管理系统

实时监测场馆能耗，通过 AI 算法优化空调、照明等设备运行，年降低碳排放约 3 000 吨。

停车场智能引导系统减少车辆怠速时间，降低尾气排放。

2. 绿色搭建标准体系

模块化展台：推广可重复使用的铝型材框架，单次使用成本降低 40%，材料回收率超 95%。

环保材料管控：要求特装展台木质材料使用比例≤40%，TRUSS 架可循环使用率超

60%。

三、全周期绿色运营：从展前到展后的闭环管理

1. 展前绿色策划

提供《绿色展会执行手册》，指导展商采用电子化宣传材料、无纸化签到系统。

设立“绿色展位认证”机制，通过认证的展商可享展位费优惠。

2. 展中资源管控

场馆内设置12个废弃物分类回收站，实现废弃物100%分类处理。

餐饮区全面使用可降解餐具，垃圾减量超50%。

3. 展后循环利用

搭建材料回收率达60%，剩余材料通过“展材银行”平台实现二次交易。

举办“绿色展会成果展”，公开碳排放数据与资源循环成效。

四、行业贡献与荣誉

1. 标准制定者

牵头制定《绿色场馆标准》，推动全国会展业绿色转型。

参与商务部《展台分类及技术规范》《展览器材　术语　型材展台》两项国家级行业标准的制定。

2. 国际认可

获评2024年国际展览业协会（UFI）全球可持续发展优秀案例（中国大陆唯一获奖单位）。

2023年连任UFI全球董事单位，中国大陆仅五席。

五、典型案例

1. 2024中国国际燃气展

展台木质材料使用率降至35%，废弃物回收率达65%，馆内甲醛含量低于国家标准70%。

2. 2025重庆建博会

特设“绿色建材展区”，展示低碳混凝土、再生铝型材等新材料，推动建筑行业绿色升级。

重庆国际博览中心通过“设计—技术—运营—责任”四位一体的绿色实践，不仅实现了场馆自身的低碳化转型，更引领了会展业的可持续发展潮流。未来，中心将继续深化绿色创新，助力重庆打造“会展之都”与“生态之城”的双重名片。

三、碳中和

全球变暖是人类的行为造成地球气候变化的后果。“碳”就是石油、煤炭、木材等由碳元素构成的自然资源。“碳”耗用得多，导致地球暖化的元凶CO_2也制造得多。随着人类的活动加剧，全球变暖也在改变（影响）着人们的生活方式，带来越来越多的问题。

近年来，中国及世界各地自然灾害频发，其主要原因之一就是人类过多地使用化石（碳）能源。城市是CO_2的高排放地区，减少CO_2排放，建设“低碳城市”是大城市的发展方向。

2020年9月22日，国家主席习近平在第七十五届联合国大会一般性辩论上发表的重要讲话中指出：“应对气候变化《巴黎协定》代表了全球绿色低碳转型的大方向，是保护地球家园需要采取的最低限度行动，各国必须迈出决定性步伐。中国将提高国家自主贡献力度，采取更加有力的政策和措施，二氧化碳排放力争于2030年前达到峰值，努力争取2060年前实现碳中和。各国要树立创新、协调、绿色、开放、共享的新发展理念，抓住新一轮科技革命和产业变革的历史性机遇，推动疫情后世界经济‘绿色复苏’，汇聚起可持续发展的强大合力。”

碳中和，是指标的物温室气体排放导致大气中全球温室气体排放量净增长为零的情形和状态，即计算标的物温室气体排放量，然后通过植树等方式进行抵消，从而达到“零”碳排放的目的。

（一）碳中和的实现方式

碳中和的实现方式包括两种：第一种是通过植树造林等方式增加CO_2的吸收量，第二种是通过技术手段减少CO_2的排放量。例如，采用更为高效的能源，促进可再生能源的发展，开展智能制造，建设绿色低碳城市等。

（二）碳中和的应用范围

碳中和的应用范围较为广泛。在企业层面上，企业可以开展碳中和的行动，减少CO_2排放，降低经济成本，提升企业形象和市场竞争力。在城市层面上，城市可以通过建设绿色低碳城市，优化城市交通、能源、建筑等领域的管理，实现碳中和目标。

（三）碳中和的价值和意义

1. 体现企业社会责任

随着低碳时代的到来，衡量企业的各类价值标准和评价体系逐步发生深刻改变。在全球低碳背景下，把握机会，努力担负起应有的社会责任，赢得低碳竞争力，是实现企业可持续发展的必然选择。

近年在众多跨国企业的企业社会责任报告中，已越来越多地出现与“碳”有关的内容。据华为投资控股有限公司2016年可持续发展报告，该年度华为单位销售收入CO_2排放量达 3.04 吨/百万元，温室气体排放较基准年（2012 年）下降 20.6%。

2. 有效应对经营风险

近年来，随着国际社会对气候变化问题、环境保护等问题的关注持续上升，大型企业更加关注其供应链对环境、社会、经济的影响，关注供应保障和供应风险，关注供应链合规性和可持续性。

可持续发展不仅是企业自身的战略目标，企业还应认识到供应链合作伙伴对其目标实现的重要性。部分跨国公司已将可持续发展融入采购战略和流程，将可持续发展作为认证和选择供应商的基本条件，要求供应商在遵守适用的法律法规和可持续发展协议的基础上开展业务，有效地监督和控制风险，维护供应生态系统的整体健康。

3. 提高企业能源管理水平

能源是工业发展不可或缺的动力来源，但在资源紧张的当今社会，能源高效利用已成为降低企业运行成本的主要手段和迫切要求。能效管理则是衡量企业内部管理效率和水平的重要指标。

参与碳中和交易的一项重要内容是对企业生产过程中的能源消耗进行监测、控制、盘查，提出能源设备的改造方案，协助企业开展节能管理和能源管理队伍建设，提高能源利用率，减少能耗成本，增强企业竞争力。

（四）碳中和与会展业

会展经济已经成为我国经济社会发展的新亮点。但随着其产业规模的不断扩大，会展产业资源浪费严重、利用效率低下，不可持续发展的问题也日益突出。因此，我国会展业要向节约环保、低碳高效、碳中和目标方向发展。

目前，在世界会展活动中推进碳中和事业，已形成三个重要概念。一是“碳信用”，它是指对各种低碳降碳承诺所采取的认真实施的态度。二是“碳交易”，即通过购买碳配额的方式对各种活动（包括会展）所产生的碳排放进行抵消。三是“碳汇林”，即为了抵消活动（包括会展）所产生的碳排放而补偿性地营造相关数量的森林。

2021 年 2 月 21 日，《国务院关于加快建立健全绿色低碳循环发展经济体系的指导意见》（国发〔2021〕4 号）明确提出，推进会展业绿色发展，指导制定行业相关绿色标准，推动办展设施循环使用。我国早在 2010 年 5 月的上海世博会就首次提出“碳足迹”的概念。同年 9 月召开的百度世界大会则是中国首个提出“零碳”目标的会议。2014 年 11 月，在北京举办的亚太经合组织（APEC）会议通过在北京怀柔区和河北康保县种植 1 274 亩[①]林木，意在抵消该会议所产生的 3 903 吨碳排放，成为首个实现碳中和的 APEC 会议。2018 年，国际竹藤组织（总部设在北京）在机构内部建立了碳补偿基金，从其工作人员每次

① 1 亩≈666.67 平方米。

会议旅行中提取相应费用捐赠给中国绿色碳汇基金会，以补偿其碳排放。2019 年，生态环境部出台了《大型活动碳中和实施指南（试行）》，这是第一部涉及会展活动碳中和的实施指南。

绿色会展是未来展览行业的一个重要趋势，也是实现可持续发展和碳中和目标的重要手段之一。通过创新和实践，绿色会展可以在保护环境、促进经济发展和社会进步等方面发挥积极作用。在政府、企业和公众的共同努力下，绿色会展必将在未来发挥更加积极的作用，从而促进碳中和目标的实现。

【延伸阅读】

亚洲运动会是亚洲规模最大的综合性运动会。2023 年亚运会在中国杭州成功举办。作为一项国际大型体育赛事，杭州亚运会也承担着促进亚洲各国间的友谊和文化交流的重要使命。自 2008 年中国北京奥运会成功举办后，中国便开始积极推广体育运动事业，并逐渐成为亚洲地区的体育强国。杭州亚运会作为中国举办的又一大型国际体育赛事，备受世界关注。

杭州亚运会通过绿色行动、科技创新与全民参与，在亚运史上首次实现碳中和。

一、能源与场馆：全周期绿色低碳实践

1. 100%绿电供应

65 个亚运场馆及办公场地实现绿电全覆盖，绿电交易电量达 6.21 亿千瓦·时，相当于减排标准煤 76 320.9 吨。

青海、甘肃、新疆等地绿电通过特高压输送至杭州，场馆自身加装光伏设备，实现“绿电可溯源”。

2. 绿色场馆建设

56 个竞赛场馆中仅新建 12 个，广泛使用新材料、新技术。杭州奥体中心体育场等场馆获全国建筑业绿色施工示范工程。

壁球馆等场馆采用可拆卸设计，赛后设施捐赠，用于壁球项目推广。

3. 低碳能源创新

主火炬使用的绿色燃料是废碳再生的“零碳甲醇”，实现 CO_2 循环利用，为全球大型赛事首创。

二、交通与出行：新能源车主导的低碳交通体系

1. 新能源车优先使用

亚运会接待、接驳、物流车辆优先选用新能源车，减少碳排放。

2. 绿色出行引导

通过购票指南、观众指南等宣传绿色观赛，电子票使用率超 60%。

三、运营与材料：循环经济与减量化策略

1. 循环利用与减量化

场馆临时设施、赛事器材优先采用租用、借用形式，使用可循环材料。

亚运村房间漱口杯、衣架采用可降解麦秸秆材质，减少塑料使用。

2. 废弃物资源化

累计回收纸质餐盒和牛奶盒 57 吨、其他低价值废弃物 92 吨，制成原生纸 89.34 吨，部分制成纸扇作为纪念品。

3. 低碳吉祥物

吉祥物生产采用光伏用电，节约标准煤 88 吨，减少碳排放 220 吨，每购买一个低碳吉祥物可减排 1 500 克 CO_2。

四、数字化管理：全流程碳足迹追踪

1. 碳管理平台

推出“亚运碳中和-减污降碳协同”数字化管理平台，涵盖碳排放采集、核算、减排、注销和评价管理全流程。

2. 低碳账户

亚运村推出低碳账户，村民通过绿色行为获取积分，日均新增注册用户 1 000 人左右。

3. 碳抵消机制

47 家单位捐赠碳抵消指标 109.99 万吨，覆盖浙江省内 11 个设区市及省外单位，优先选用浙江对口帮扶地区的碳信用、碳普惠。

五、全民参与：低碳理念的社会化传播

1. 低碳活动

开展“我为亚运种棵树”活动，1 800 余万人次参与，植树 4 800 余万株，建设亚运碳中和林 26 片。

2. 绿色宣传

通过媒体宣传、绿色行动倡议，引导公众关注环保，推动低碳理念深入人心。

六、创新示范：科技与政策双重驱动

1. 科技赋能

零碳工程师团队通过智能节能开关、无线充电站等技术手段降低场馆能耗。

亚运会主体育场开发降碳提效系统，实现能耗动态管理。

2. 政策引导

亚运合同设置“可持续”章节，推动官方合作伙伴、赞助商落实绿色办赛理念。

杭州亚运会共排放温室气体 88.29 万吨，通过绿电减排 2.20 万吨，碳抵消 109.99 万吨，实现碳中和，为大型赛事绿色低碳办赛提供了“杭州经验”，推动了区域协调发展，促进了低碳理念普及。

杭州亚运会的碳中和实践，不仅展示了中国在绿色低碳领域的创新能力，也为全球大型活动提供了可复制的可持续发展范式。

任务二　熟知绿色展览运营的基本原则

一、环保性原则

展览实施全过程遵循减量化、再使用、再循环的“3R”原则是至关重要的。减量化（Reduce）：采用较少的资源实现展览功能；再使用（Reuse）：采用的材料能以初始形式或经修复翻新后被反复利用；再循环（Recycle）：采用的资源能被经济地回收和再生利用。

二、前瞻性原则

展览相关方应审时度势，关注发展变化，科学系统谋划。以下举措是至关重要的：应承担社会责任，关注、贯彻并共同推广展览绿色发展理念和国家关于可持续发展方面的要求，如碳排放、禁塑令等；应关注科学技术发展，通过科学技术手段、环保节能措施、线上线下技术手段等的应用，促进展览绿色发展；可适当采取奖励措施，鼓励实施展览绿色运营措施，应按《绿色展台评价指南》（GB/T 41129—2021）的要求开展绿色展台评价，探索展览的碳达峰、碳中和实施路径；应协同合作，关注和控制工作环境的友好性，提供防护器具装备，保障人员职业健康安全；鼓励实行 GB/T 24001 环境管理体系并持续改进。

三、协同性原则

展览相关方应建立展览绿色运营协调推进机制，以下举措对机制是至关重要的：主（承）办单位应在展览全过程实施绿色运营方案；主（承）办单位应协调和监督其他展览相关方实施展览绿色措施，且能在合同上体现；主（承）办单位应注重在展览全过程，联合其他展览相关方收集绿色运营相关的数据；主（承）办单位应在展览全过程通过信息化手段提高自身和其他展览相关方的现场安全管理水平；主（承）办单位应联合其他展览相关方建立展览绿色运营检查和可追溯机制；参展商应积极关注展览绿色运营要求，配合主（承）办单位实施绿色运营方案，落实绿色参展行为；展览场馆运营方应根据主（承）办单位的展览绿色运营方案，制定相应配合方案或细化措施，并在场地、设备、设施、人员、配套服务等方面予以配合和支持；展览场馆运营方应总结在展览场馆举办的展览的绿色运营方案和绿色措施，并积极、广泛地向所有合作的主（承）办单位、展览服务商等其他展览相关方宣传、推广和提供适当指导；展览场馆运营方可通过恰当的形式对实施绿色运营的展览给予一定支持；展览服务商应根据主（承）办单位、展览场馆运营方的要求，制定绿色展览细化措施；展览服务商应总结服务经验，在服务流程和服务内容上，采取并积极优化绿色措施；展览服务商可通过恰当的形式对实施绿色运营的展览提供一定支持；展览相关方应评估、总结展览绿色实施经验，制定提升措施，持续提高展览绿色服务能力。

【延伸阅读】

国家会议中心二期“共会世界之美”路演活动在广州举办，推动会展业绿色发展

2023 年 10 月 25 日，国家会议中心二期“共会世界之美”路演活动首站在广州顺利举办。位于北京中轴线北端、奥林匹克中心区，曾作为主媒体中心服务于 2022 年北京冬奥会和冬残奥会的国家会议中心二期项目，预计 2025 年全面投入运营，为全面提升北京国际交往功能综合承载能力持续贡献力量。

记者了解到，国家会议中心二期项目主体建筑由法国著名建筑大师、普利兹克奖得主包赞巴克先生主持设计，拥有 20 000 平方米展厅、8 000 平方米无柱会场、300 平方米到 2 000 平方米的中小会议室，以及现代、古典的两个空中花园等多元化特色场地空间。

作为即将投入运营、备受瞩目的大型会展综合体，国家会议中心二期在此次路演中就场馆建设特点及特色空间、运营服务等方面进行了全面介绍，并在会上牵头与中国会展经济研究会绿色会展工作委员会、广州越秀国际会议中心联合发起了《关于建设绿色低碳会议中心的九大倡议》，携手上下游企业进一步将绿色会展付诸行动，为共同推进会展业绿色发展、可持续发展、高质量发展赋能。

中国会展经济研究会副会长王青道在致辞中表示，推进会展业绿色发展是行业趋势，更是每一个会展从业者及上下游企业、行业协会组织的责任。

“场馆是绿色发展理念落地的重要载体，国家会议中心二期作为即将落成和备受关注的大型国际性会展综合体，通过此次路演，联合各界人士牵头发起绿色对话与绿色倡议，充分表明了其作为场馆方对绿色低碳目标的重视，也展现了其在落实绿色会展实践过程中的成果与先进技术，起到了积极促进和带动整个会展业实现绿色办展、低碳可持续发展目标的带头作用。”王青道说道。

国家会议中心二期项目的建设及运营单位——北京北辰会展投资有限公司副总经理刘文涛表示：“绿色会展是未来会展业发展的既定目标，国家会议中心二期作为新时代首都建设的精品力作，从建设初期即秉承创新、协调、绿色、开放、共享的可持续发展理念，致力于打造全球领先的高标准绿色节能建筑。”

她表示，未来，场馆还将引进和使用智慧能源管理系统，参考行业先进经验，贯彻可持续发展运营理念，切实将国家会议中心二期打造成国内具有代表性和影响力的绿色会展场馆。

随着全球环保意识的不断增强和我国“双碳”目标的制定，积极推进绿色可持续理念成为会展行业发展的一大重要方向。据悉，国家会议中心二期项目作为首都国际交往中心和我国主场外交的重要设施，项目主体部分已获得“绿色建筑三星级”认证，建成后也将成为具有“美国 LEED 铂金标准”资质的世界最大单体建筑。

（资料来源：刘婕. 南方都市报，2023-10-25）

【绿色视角】

某地区商贸展的绿色物流及低碳措施

一、背景介绍

随着全球环保意识的觉醒，绿色理念逐渐深入人心。某地区商贸展紧跟时代步伐，致力于实现展会活动的绿色转型。其中，在物流环节的实施举措尤为引人注目。

二、绿色物流体系构建

该地区商贸展在筹备阶段便与多家物流企业合作，共同构建绿色物流体系。在运输环节，展会组织者选用新能源车辆，减少传统燃油车的使用，从而降低碳排放量。同时，合理规划运输路线，减少不必要的绕行和空驶，提高运输效率。

三、低碳措施的实施细节

在展会现场，低碳措施的实施尤为关键。该地区商贸展通过以下举措降低碳排放:

（1）搭建绿色展台：鼓励参展商使用环保材料搭建展台，减少一次性塑料制品的使用，优先使用可循环利用的材料。

（2）电子化宣传资料：推广电子化宣传资料，减少纸质资料的印刷和分发，降低纸张消耗。

（3）节能照明系统：采用 LED 照明系统，确保展会现场光线充足的同时，降低能耗。

（4）垃圾分类与回收：设立垃圾分类回收点，对废弃物进行分类处理，提高资源利用效率。

（5）绿色餐饮：推广绿色餐饮理念，鼓励使用环保餐具，减少食物浪费。

四、成功案例解析及启示

该商贸展的绿色物流及低碳措施取得了显著成效。通过构建绿色物流体系、实施多项低碳措施，不仅降低了碳排放量，提高了资源利用效率，还提升了参展商和观众的环保意识。这一成功案例给我们带来以下启示：

（1）重视绿色物流体系建设：在展会筹备阶段，应充分考虑绿色物流体系的构建，从源头上减少碳排放。

（2）推广环保理念：通过展会活动，宣传环保理念，提高参展商和观众的环保意识。

（3）加强与物流企业的合作：展会组织者应与物流企业加强合作，共同推动绿色物流的发展。

（4）创新绿色技术运用：积极引入绿色技术，如新能源车辆、LED 照明系统等，提高展会的绿色水平。

（5）持续完善绿色措施：根据展会实际情况，不断完善绿色措施，确保绿色理念的贯彻落实。

该商贸展的绿色物流及低碳措施为我们提供了宝贵的经验借鉴，值得其他展会学习和推广。

【任务小结】

绿色展览运营：绿色展览运营指的是展览相关方相互协同，将减量化、再使用、再循环等原则贯穿展览全过程，优先使用环保设计、技术、工艺以及设备设施、材料和场所等要素，实现展览可持续发展的运营行为。

可持续发展的内涵、特征、原则、内容等。

碳中和的概念；实现方式；应用范围；价值和意义等。

绿色展览运营的基本原则：环保性原则、前瞻性原则、协同性原则等。

【案例】

深圳：打造绿色会展样板案例，大国工匠创新交流大会实现物料循环使用

2022 年 5 月，首届大国工匠创新交流大会在深圳举行，通过线上线下形式展示以大国工匠为代表的广大职工的精湛技能和创新成果。本次大会开幕式以视频方式举行，设置了 81 个分会场。其中，位于深圳会展中心的分会场设置了线下展览，规模达 52 500 平方米。

值得关注的是，本届大会除了举行线上展会，线下展览均采用绿色环保物料进行搭建，将可持续发展理念全方位贯穿展会。“本届大会采用线上线下一体化展览的方式，重点打造绿色会展的样板案例。”作为此届大会的搭建公司之一，深圳朗晖展示有限公司总经理于利亚在接受《羊城晚报》记者采访时表示，此次大会希望始终支持贯彻绿色发展理念。

于利亚称，此次绿色会展具体体现在两个维度：一是积极运用数字技术进行线上会

展，二是采用绿色的物料搭建线下展览。“我们号召本次参与大会的所有参展商都采用绿色环保可持续的方式进行布展，并在展会结束后将督促他们有效回收，目的是推动实现物料的循环使用。”

“我们正在以协会的名义，推动整个绿色展装在低碳环保方面的发展。今后将会出台新的绿色展装的标准体系，呈现出低碳环保实际应用的效果。”于利亚告诉记者，此前公司是具备一些经验积累的，在会展行业中，绿色展装的理念已倡导将近二十年的时间，朗晖展示有限公司所使用的绿色的纸质展览展示用品从研发到验证也有七年的时间。于利亚还提到，但绿色会展仍然是一个相对比较新的应用领域，还需要在供应链、服务体系以及服务品质等方面进行深耕，并逐步得到市场的充分认可和大力推广，让更多的参与方接受并认同绿色展览的搭建与服务。

（资料来源：沈婷婷，羊城晚报，2022-05-06）

【案例分析】

大国工匠创新交流大会体现了绿色展览的理念，将绿色展览运营在实践中推行，包括线上会展和采用绿色物料搭建的线下展览，都是值得推广的做法。案例体现了绿色展览运营的基本原则：环保性原则、前瞻性原则、协同性原则。

【任务测试】

1. 什么是绿色展览运营？
2. 可持续发展的内涵是什么？
3. 可持续发展的特征、原则和内容是什么？
4. 什么是碳中和？
5. 绿色展览运营的基本原则有哪些？

【任务拓展】

绿色展览实践

2024 年是新中国成立 75 周年，是实现“十四五”规划目标任务的关键一年。3 月 5 日，第十四届全国人民代表大会第二次会议在北京人民大会堂开幕。国务院总理李强作政府工作报告时提出，着力扩大国内需求，推动经济实现良性循环。加快内外贸一体化发展，办好进博会、广交会、服贸会、数贸会等重大展会。全国人大代表、东浩兰生集团上海工业商务展览有限公司智慧能源展部经理陈达表示，今年她提交的建议中，一份是“关于推广绿色搭建促进会展业双碳转型的建议”，建议政府部门积极出台绿色会展引导性政策和管理办法，行业协会、专业机构进一步优化完善绿色搭建、绿色会展相关行业标准，推动会展业双碳转型和高质量发展。

2024 服贸会：聚焦数字绿色服贸

北京经信局方面公布的信息显示，2024 年中国国际服务贸易交易会（以下简称服贸会）将突出国际化、专业化、市场化，共同打造“数字绿色服贸”。

2024 年，我国服务贸易数字化转型将进一步提高服务贸易知识化、技术程度，迎来数字化发展和绿色低碳发展重大机遇，培育数字服贸新支点、新优势。北京市国际服务贸易事务中心相关负责人表示，2024 年服贸会将邀请国际组织、境内外商协会和企业参展参会，深化展商联合会作用，继续组建中央企业交易团、中央金融企业交易团和省（区、市）交易团，组织“投资中国年”和境外国家专题活动，精准做好供需对接、贸易匹配、洽谈签约等服务。

其中，2024 年服贸会环境服务专题展将以“绿色能源”“碳中和技术”“循环经济”“生态矿山”四个板块组织展区，加强与先进国家在技术、管理等方面的交流与合作，促进关键技术引进和集成创新，助推我国产业结构、贸易结构绿色转型升级。服贸会还将利用“一带一路绿色伙伴关系”及国家对外援助与投资等项目，在法律法规和环境技术标准领域加强合作，支持我国环保企业做大做强。

2024 年服贸会电信、计算机和信息服务（ICT）专题展将以“数贸创新 科技赋能”为主题，继续围绕电信服务、数字技术、人工智能、集成电路、工业互联网、专精特新、国际创新技术等组织展区，涵盖智能制造、商业密码、应急管理等，并紧跟以通用大模型、数字人、虚拟现实为代表的下一代互联网和消费电子行业热点，与各方携手打造 ICT 行业大展，以新技术、新体验助力数字经济产业发展。

【实训】

实训任务：收集广交会绿色办展的信息以及绿色展览运营的具体做法。

项目三　绿色展览策划与项目立项

【学习目标】

1. 了解绿色展览的市场调研。
2. 掌握绿色展览主题的确定。
3. 掌握绿色展览项目立项的论证。
4. 学习绿色展览策划书的撰写。

【案例导入】

中国流动科技馆小型主题展策展之道：以生态环境主题展为例

自 2011 年诞生以来，中国流动科技馆凭借巡回展出模式，不断将科普资源输送至尚无科技馆的县域，有力填补了基层科普空白，推动科普资源均衡普惠。但随着时代发展，传统以基础科学为主的展览内容已难以契合基层公众的实际需求。深入剖析流动馆小型主题式科普展览的特性，以“生态环境”主题展为范例，从背景调研、目标设定、主题提炼、内容规划到展览布局等环节，系统梳理策展方法，能为后续同类展览提供实用借鉴。

《现代科技馆体系发展“十四五”规划（2021—2025 年）》明确提出，要深化科普资源供给侧改革，秉持需求导向，满足公众对高品质科普的期待，强化科普资源供给的引领性、精准性与服务性，创新科普内容与形式；同时要求建立流动科普资源库，开发不少于 40 个多主题、模块化、菜单式的流动主题展览。在此政策推动下，中国流动科技馆小型主题式科普展览应运而生，经过三年实践积累，已初步构建资源库，为精准化科普服务筑牢根基。

背景调研是流动科技馆小型主题展览策划的首要环节，其成效直接影响展览整体质量。通过全面调研，既能深入理解展览背景意义，又能充分掌握同类主题展览的现状、内容、形式及特点，从而规划出创新、科学的实施路径。展览目标聚焦认知、体验与情感层面，“生态环境”主题展也不例外，旨在通过展览实现特定教育效果，彰显展览价值。

内容策划是小型主题展览的核心，关乎展览成败，需围绕脉络梳理、框架搭建与形式设计展开。而展览布局设计则需综合考量展览面积、内容脉络及人流动线。鉴于流动科技馆小型主题展览空间与展品数量有限，布局时需巧妙利用空间，合理组合展架与展品，确保展品分布、人流通道与展览逻辑相匹配。“生态环境”主题展遵循“左进右出”的顺时针动线布局，在保证内容、动线与脉络契合的同时，预留充足空间接口，提升展览布局的灵活性与包容性。

【思考】

在绿色展览需求不断升级的当下，如何策划一场兼具实效性与创新性的流动主题展览？不妨从流动科技馆小型主题展的实践中汲取思路。首先需以背景调研为基石，既要明晰展览对科普资源均衡化的战略意义，又要深度剖析同类展览的优劣势以寻找差异化突破口；继而聚焦认知、体验、情感三维目标，如“生态环境”主题展，让观众在理解科学原理的同时产生情感共鸣；内容策划环节，需梳理知识脉络、搭建逻辑框架，并通过互动装置等形式设计提升参与感；展览布局则要破解空间局限，以“左进右出”的动线设计为例，让展架分布、人流走向与内容脉络形成有机整体。当政策导向（如“十四五”规划对流动科普资源库的建设要求）与基层需求、策展方法论形成闭环，方能构建起精准化、模块化的展览体系，这或许正是流动科技馆在县域地区实现科普普惠的核心密码。

【任务认领】

2025 年 4 月 24 日，北京一零一中学举办“以竹代塑：竹纤维材料的创新与应用科技展”。该展览通过主题演讲、竹制品展示、影像资料与沉浸式互动等形式，全方位呈现竹子从传统竹艺迈向替代塑料的绿色科技材料的历程。现场分设竹制生活用品、工业产品、饮品、概念产品四个展区，竹键盘、竹自行车等展品吸睛无数。学生作为总策划，用中英双语讲述“以竹代塑”的发展，串联起历史文化与现代科技。同时，专家介绍“以竹代塑”对国家战略的推动作用，激发青少年的环保行动与决心，也为绿色材料科普提供了校园范例。

依据所学的绿色展览的策划知识，制定绿色展览的策划方案，从绿色展览的市场调研、绿色展览的主题确定、绿色展览的论证与实施、绿色展览的策划执行与宣传四个方面策划绿色展览并提出可行的减碳措施。

任务一　绿色展览的市场调研

一、绿色展览市场调研概述

绿色展览市场调研，是运用科学的方法与手段，对绿色展览所涉及的市场环境、目标受众、竞争对手以及行业趋势等方面信息进行系统收集、整理与分析的过程。它并非普通展览调研的简单延伸，而是紧密围绕绿色理念这一核心，深入挖掘环保元素在展览市场中的需求与潜力。在调研市场环境时，着重关注各地环保政策法规对展览行业的影响，如某些地区对展览场地的能耗标准、废弃物处理要求等规定，这些政策直接决定了绿色展览的可行性与发展方向。对于目标受众，不仅要了解其对展览内容的兴趣点，更要探究他们对绿色环保元素的认知程度与接受意愿。例如，观众是否愿意为参观绿色展览支付更高票价，参展商是否倾向于选择环保型展位搭建服务。调研竞争对手时，分析同行在绿色展览项目中的特色与优势，包括使用的环保材料种类、绿色技术应用、绿色营销手段等，以此为自身绿色展览项目提供借鉴与差异化竞争思路。行业趋势调研则聚焦于新兴绿色技术发展、环保材料研发进展以及绿色展览模式创新等方面，如随着新能源技术的发展，能否在展览现场大规模应用新能源供电设备，为展览注入新的绿色活力。一切策划始于市场调研。正如建造高楼前的地质勘探，市场调研是确保展会成功的基石。我们需要深入了解行业动态、市场需求、竞争对手情况，以及政策导向等多方面信息。具体而言，包括产业地位、行业状况、市场行情、同类展会及政策新闻的全方位调研。通过这些数据，我们可以精准定位展会题材，确保展会内容与市场需求高度契合。

在启动绿色展览市场调研之初，需精准界定调研目标。若计划举办一场以“绿色科技应用”为主题的展览，目标可能设定为：了解特定区域内科技企业对绿色科技展示的需求、潜在观众对绿色科技展览的期待以及当前市场上同类型绿色科技展览的竞争态势。围绕此目标，确定调研范围，涵盖地理范围，如选定某城市或某几个经济发达地区；行业范围，聚焦绿色科技相关行业，包括新能源、环保设备制造、可持续材料研发等企业；受众范围，明确潜在观众群体，如科技爱好者、环保人士、相关行业从业者等。同时，梳理出本次调研需重点解决的问题，如绿色科技企业参展的预算范围、观众期望在展览中看到的绿色科技展示形式等。

总之，绿色会展的市场调研是一个系统而细致的过程，对于推动绿色会展行业的可持续发展具有重要意义。

二、行业发展调研

绿色展览的行业调研需关注政策支持、行业标准驱动。国家及地方政府出台了一系列政策，以推动绿色展览的发展。例如，商务部等政府部门在展览业日常管理实践中加强指导和规范，明确要求展会严格执行有关部门加强塑料污染治理的意见要求，禁止展会使用不可降解塑料袋，推进绿色节俭办展。同时，各级政府还出台了一系列优惠鼓励政策，以支持绿色展览的落地与发展。为了规范绿色展览的发展，中国展览馆协会等组织积极推动绿色展览标准的制定工作。例如，《中国绿色展览发展报告（2024）》系统梳理了绿色展览概念的缘起与演进，分析了目前推进绿色展览面临的形势、机遇和挑战，并提出了推进我国绿色展览发展的举措、建议。此外，还制定了《绿色展览创新基地评定标准》《绿色展馆》等标准，以引领行业的绿色发展。

三、绿色展览市场需求分析

绿色展览的市场需求在近年来呈显著增长趋势，这主要得益于全球环保意识的提升以及会展行业的转型升级。随着全球气候变化问题的日益严峻，各国政府和民众对环保问题的关注度不断提高。绿色展览作为会展行业的一种新型发展模式，符合环保理念，因此得到了广泛的关注和认可。会展行业作为服务业的重要组成部分，正面临着转型升级的压力。绿色展览作为一种创新的发展模式，有助于提升会展行业的整体形象和竞争力，因此成为会展行业转型升级的重要方向。绿色展览的市场需求呈现多样化的特点，不同规模的展会、不同类型的参展商以及不同需求的观众，对绿色展览的要求各不相同。因此，绿色展览需要根据市场需求进行定制化的设计和服务。随着消费者环保意识的提高，他们对绿色展览的品质要求也越来越高，包括展会的环保设计、绿色材料的选用、节能设备的配置等多个方面。高品质的绿色展览能够提升消费者的参与度和满意度，从而增加展会的吸引力和影响力。随着科技的发展，智能化已经成为绿色展览的重要发展方向。通过运用先进的技术手段，如物联网、大数据、人工智能等，可以实现绿色展览的智能化管理和运营，提高展会的效率和便捷性。

四、绿色展览竞争格局分析

绿色展览作为一种新型会展模式，正成为展会竞争的重要方向。在当前的会展市场中，环保理念从边缘概念逐步转化为核心竞争力要素。这些绿色展览不仅关注展会的经济效益，更注重展会的社会效益和环境效益，通过采用环保材料、节能设备、智能控制系统等手段，降低展会对环境的影响，提升品牌溢价与市场认可度。一是全流程环保渗透。绿色展览的举办方和参展商都深刻认识到环保的重要性，积极将环保理念融入展会的各个环节。从展会的策划、设计到实施、撤展，都注重环保材料的使用和资源的节约。二是技术创新驱动。展会主办方和参展商不断引入新技术、新材料和新设备，提高展会的环保性能和智能化水平。例如，运用物联网技术实现展品的智能管理和追踪，利用虚拟现实技术提供线上展会体验等。绿色展览的成功举办不仅提升了展会的品牌影响力，还吸引了更多关注环保的消费者和企业参与。这些消费者和企业更加倾向于选择具有环保理念的展会和参展商，进一步推动了绿色展览的发展。

五、市场调研步骤

一般来说，市场调研的完整流程包括以下几个步骤：①明确调研目的和问题：这是市场调研的起点，要明确需回答的问题、重要性以及它对企业的战略意义。调研目的和问题应与企业的战略目标和市场营销目标相一致，范围明确，可操作性强，具有实用性和价值性。②制定调研方案：根据调研目的和问题，确定调研方法、设计调研工具、选择调研对象、安排调研时间及预算调研费用等。调研方案应适应调研目的，经济可行，并具有创新性。③收集和处理数据：按照调研方案，通过各种方法从不同渠道收集数据，如文献法、问卷法、访谈法和观察法等。收集的数据要确保有效性、充分性、可比性和清晰性。④分析和解释数据：运用各种分析方法和技巧，如描述性分析、相关性分析、回归分析等，提取和归纳有价值的信息，发现市场规律和现象。⑤撰写和提交报告：将调研过程和结果以书面或口头形式汇报。报告应结构清晰，内容全面，表达规范，展示直观。

具体到绿色会展行业，可能需要重点关注以下方面的数据：①行业定义及产业链：明确绿色会展是通过采用节能、减排、循环利用等手段，减少会展活动对环境造成的负面影响的会展形式。其产业链包括上游的绿色材料供应商、中游的会展服务提供商以及下游的参会者和展览观众等。②市场规模及增速：例如，截至2022年底，全球绿色会展行业的市场规模达到了约350亿美元，预计到2027年将达到600亿美元。而中国的市场规模在2019年达到了350亿元人民币，预计到2025年将达到700亿元人民币。③驱动因素：包括政策支持、市场需求和技术创新等方面。④主要特点：如节能减排、资源循环利用、数字化转型和社会责任等。⑤面临的挑战：如成本较高、部分会展参与者认知不足、缺乏统一的标准体系等。

下面我们通过举例来说明具体的绿色展览调研计划安排内容。

1．制订调研计划

根据明确的目标与范围，制订详细的调研计划。确定调研方法组合，如采用问卷调查收集大量样本数据，了解目标受众对绿色展览的认知、兴趣与参与意愿；针对行业专家、绿色科技企业负责人开展深度访谈，获取专业见解与行业内部信息；组织焦点小组讨论，邀请不同类型的潜在观众与参展商，深入探讨他们对绿色展览的具体需求与改进建议。规划调研时间进度，将整个调研过程划分为不同阶段，设定每个阶段的关键时间节点，如问卷设计在一周内完成，问卷发放与回收持续两周，访谈与焦点小组讨论在问卷回收中期同步进行，为期一周。明确调研所需资源，包括人力资源，如安排专业调研人员负责问卷设计、数据收集与分析，邀请熟悉绿色科技行业的专家参与访谈；资金预算，涵盖问卷印刷、线上调研平台使用、访谈交通费用、焦点小组讨论场地租赁等各项开支。此外，确定数据收集渠道，线上可通过专业调研网站、社交媒体平台发布问卷，线下可在相关行业展会、科技园区等地发放问卷与进行访谈。

2. 开展调研工作

数据收集：按照调研计划，调研人员着手收集数据。发放问卷时，要确保样本的多样性与代表性，通过多种渠道触达目标受众，如在环保组织活动现场、科技论坛、线上科技社区等不同场景投放问卷。在进行深度访谈时，调研人员提前准备好详细的访谈提纲，以开放、引导性问题为主，鼓励受访者充分表达观点，例如，询问绿色科技企业在参展过程中遇到的绿色技术应用难题、对绿色展览服务的期望等。焦点小组讨论环节，营造轻松自由的讨论氛围，主持人引导小组成员围绕绿色展览主题展开讨论，记录下成员们提出的各种创意与建议，如关于绿色展览互动环节设计、展品展示方式等方面的想法。

数据整理与初步分析：在数据收集过程中同步进行初步整理，剔除无效问卷，如回答不完整、明显随意作答的问卷。对于访谈记录与焦点小组讨论内容，及时进行文字转录，方便后续分析。运用数据处理软件对问卷数据进行初步统计分析，计算各项问题的回答频率、平均值等，绘制简单图表直观呈现数据分布情况，如不同年龄段观众对绿色展览感兴趣程度的柱状图，初步发现数据中的趋势与差异，为深入分析奠定基础。

3. 深入数据分析

定量数据分析：运用统计分析方法对问卷数据进行深入挖掘。通过相关性分析，探究不同因素之间的关联，如分析观众环保意识强弱与参展意愿之间是否存在显著相关性；使用因子分析，提取影响参展商选择绿色展览的关键因素，如展览主题契合度、绿色服务质量、宣传推广力度等。借助数据可视化工具，将复杂的数据分析结果以直观易懂的图表形式呈现，如用雷达图展示不同绿色展览项目在多个评价指标上的表现，使决策者能快速把握数据核心信息。

定性数据分析：对访谈记录与焦点小组讨论内容进行主题分析。从大量文本数据中提炼出反复出现的主题与观点，如绿色科技企业对技术交流平台建设的重视、观众对绿色展览趣味性不足的反馈等。对每个主题进行详细阐述，分析其背后的原因与影响。此外，将定性数据与定量数据相互印证，例如，定量数据显示观众对互动环节参与度高，定性数据中观众反馈希望增加更多有趣的互动环节，两者结合为展览互动环节设计提供更全面的依据。

4．撰写调研报告

根据数据分析结果，撰写详细的绿色展览市场调研报告。报告开篇介绍调研背景与目标，阐述开展本次调研的原因以及期望达成的效果。接着详细描述调研方法，包括所采用的调研方式、样本选取、数据收集渠道等，使读者了解调研的科学性与可靠性。在结果呈现部分，运用图表、数据与文字相结合的方式，全面展示定量与定性分析结果，如展示不同类型参展商对绿色展览的需求差异数据，引用访谈中具有代表性的观点。在结论与建议部分，总结调研发现的关键问题与市场趋势，如绿色展览市场需求增长但存在服务同质化问题，基于此提出针对性建议，如展览主办方应加强绿色服务创新，打造差异化绿色展览项目，为绿色展览项目策划与运营提供决策参考。最后，附录部分可包含调研问卷样本、访谈提纲等原始资料，方便读者进一步查阅。

六、绿色展览市场调研的作用

1．助力精准定位

通过深入了解目标受众对绿色展览的需求、兴趣点与消费能力，展览主办方能够精准定位展览主题、内容与形式。若调研发现某地区环保爱好者对自然生态保护相关绿色展览兴趣浓厚，主办方即可策划以生态修复、野生动植物保护为主题的展览，从展品选择、展示方式到宣传推广，都围绕这一目标受众群体展开，提高展览的吸引力与参与度，避免资源浪费在不符合市场需求的项目上。

2．指导展览内容策划

市场调研获取的行业趋势、绿色技术发展以及参展商需求等信息，为展览内容策划指明方向。例如，了解到当前新能源汽车电池技术发展迅速，且企业有展示最新技术的需求，主办方在展览内容策划中可设置专门的新能源汽车电池展区，邀请相关企业参展，展示最新产品与技术成果，同时安排专业讲座与技术交流活动，满足参展商与观众对该领域知识的需求，提升展览的专业性与权威性。

3．优化营销策略

市场调研有助于展览主办方了解竞争对手情况以及目标受众获取信息的渠道与偏好，从而制定更有效的营销策略。若调研发现目标受众主要通过社交媒体获取展览信息，且竞争对手在社交媒体推广方面较弱，主办方即可加大在社交媒体平台的宣传投入，策划具有吸引力的线上宣传活动，如绿色展览主题短视频大赛、线上环保知识问答等，提高展览的知名度与影响力，吸引更多潜在观众与参展商。

4．推动行业发展

市场调研结果不仅服务于单个展览项目，更为整个行业发展提供参考。通过调研发现行业内普遍存在的问题，如绿色材料成本高、环保技术应用难度大等，推动行业上下游企业共同努力解决，促进绿色材料研发创新、降低成本，提升环保技术在展览中的应用水平，推动绿色展览行业朝着更环保、更高效、更具吸引力的方向发展，为环境保护与可持续发展理念传播发挥更大作用。

七、市场调研案例分享

在绿色展览领域，成功的市场调研案例为行业发展提供了宝贵经验，以下分享几个典型案例。

（一）2023 上海城市空间艺术季普陀实践案例展

在筹备该展览前，主办方开展了全面市场调研。通过问卷调查收集了普陀区及周边区域数千名居民对城市空间、生态环境的看法与期望，了解到民众对低碳生活、绿色社区以及公园生态活力提升的强烈关注。对当地环保组织、规划专家进行深度访谈，获取专业视角下城市可持续发展的重点方向。同时，分析了过往类似城市空间艺术展览的举办情况，包括观众流量、热门展区内容等，找出差异化竞争点。基于调研结果，展览以“生态·生活·生机”为核心，围绕“一楼一园特色展示”“普陀区生态建设成果展”“低碳社区、能源与企业”三大板块进行成果汇展。展示了长三角一体化绿色科技示范楼这一上海市目前单体建筑面积最大的近零能耗建筑，以及普陀区首个近“零碳”公园——李子园公园，其中光伏发电、绿色建筑、植物减排成为核心理念。展览运用可降解、高回收率的瓦楞纸作为布展主材，充分贯彻“绿色展览”“零碳体验”理念。在为期 2 个月的展览期间，吸引了大量市民参观，还举办了 3 场学术研讨论坛与 8 周轮番上演的公众文娱活动，深化了市民对“碳中和”意义的认识，成功鼓励了绿色、低碳的生活方式。

（二）第 136 届广交会

广交会作为中国重要展会，在迈向绿色发展的进程中，市场调研发挥了关键作用。通过对参展商和采购商的线上线下调研，了解到各方对绿色办展的强烈需求与期望。参展商希望借助绿色展会提升企业形象，采购商更倾向与绿色环保型供应商合作。同时，调研分析了国内外绿色会展技术与材料的发展趋势，以及相关环保政策法规，基于此，第 136 届广交会在 100%绿色布展基础上，探索创建零碳广交会。从场馆搭建选用环保节能材料到实施垃圾分类精细化处理，再到采用智能感应节能灯等措施，首次实现碳中和目标。这一绿色转型吸引了更多国际采购商的关注，提升了展会的国际影响力，为全球会展业绿色发展提供了重要借鉴，也为参展企业拓展了绿色贸易机会，促进了绿色产业的交流与合作。

（三）中央美术学院“寻绿启示——第二届艺术环保主题展”

该展览在筹备前期，针对中央美术学院在校生以及艺术环保领域进行调研。通过在校园内发放问卷，了解学生对环保主题的认知与创作灵感来源，收集到众多学生对自然、社会、文化与环保关系的独特见解。对艺术环保领域专家、相关艺术团体进行访谈，获取对艺术环保主题展览的专业建议与发展方向指引。

根据调研，展览作品从自然、社会、文化三个角度，以山、佛、房、鸟为艺术语言，展现过去、现在、未来生活的独特性，暗示历史发展对自然与人居环境的破坏力，传达新时代环保使命。作品全部来自中央美术学院在校生，涵盖造型学院油画系、版画系，设计学院工业设计专业、数码专业，建筑学院等多个专业学生的日常作业。展览不仅唤起了公众的环保共识，还成为年轻艺术家自我反思与成长的内省载体。后续部分展览内容移展至松下展览中心，作为公益展对社会开放，进一步扩大了艺术环保理念的传播范围。

任务二　绿色展览的主题确定

一、主题确定的重要性

在充分调研的基础上，开始绘制展会的蓝图——策划展览主题。展览主题不仅包含展会名称、时间、地点、展品范围、合作单位等基本信息，更包含对展会定位、目标观众、预期效果及营销策略的详尽规划。一份优秀的立项策划书，不仅能让团队成员对展会全局有清晰的认识，更是吸引潜在参展商和观众的重要指南。绿色展览主题的确定，是为展览赋予核心灵魂的关键环节。它绝非随意选取一个环保相关词汇，而是综合考量多方面因素，精心提炼出统领展览内容、吸引目标受众并有效传播绿色理念的核心主旨。这一主题需紧密贴合当下环保热点与社会需求，同时匹配展览主办方的资源优势与战略方向。例如，在全球对海洋塑料污染问题高度关注的背景下，若主办方拥有丰富的海洋环保研究资源与合作渠道，将展览主题确定为“守护蓝色家园：向海洋塑料污染宣战”，既能精准抓住社会痛点，又能充分发挥自身优势，使展览具备独特价值与吸引力。主题是展览内容的浓缩概括，更是引导观众参观、激发观众共鸣的关键指引，它贯穿展览从筹备到落幕的每一个细节，展品筛选、展示设计、宣传推广都围绕主题展开，确保展览的整体性与连贯性。

二、主题的确定原则

绿色展览名称与主题的确定，是展会策划过程中的重要环节，它们直接体现了展会的核心理念和主要内容。确定原则如下：

紧扣环保主题：展览的主题应明确体现环保理念，如“绿色生活”“自然循环”“生态平衡”等。这些主题能够引导观众关注环境保护、认识可持续发展的重要性。绿色展览的名称应直接体现环保理念，如“绿色生活展”“环保科技展”等，直观地向观众传达展会的环保主题。

突出行业特色：如果绿色展览是针对特定行业的，那么名称中应包含该行业的关键词，以突出行业特色。例如，“工业绿色低碳展”就明确指出了展览的行业属性和环保主题。展览的主题应紧密结合行业特点，突出该行业在环保方面的努力和成果。例如，在工业绿色低碳展中，主题可以围绕“绿色向未来”来确定，展示工业绿色发展的成就和未来趋势。

易于理解和传播：好的展览名称应简洁明了，易于记忆和发音。避免使用过于复杂或生僻的词汇，以确保名称的广泛传播和接受度。主题应简洁明了，易于理解和传播。避免使用过于专业或晦涩的词汇，以确保观众能够轻松理解展览的主题和内容。

具有吸引力：名称应具有吸引力，能够激发观众的兴趣和好奇心。可以通过使用富有创意的词汇或短语，或者结合当下流行的环保话题来确定名称。

具有前瞻性：展览的主题应具有前瞻性，能够引领行业发展的方向。可以关注当前环保领域的热点话题和前沿技术，如清洁能源、循环经济等，以激发观众对未来环保发展的期待和信心。

三、主题确定流程

环境扫描与趋势分析。在确定绿色展览主题之前，进行全面的环境扫描与趋势分析至关重要。首先，关注全球及本地环保动态，包括国际环保公约的推进、各国环保政策的出台与调整。如《巴黎协定》的持续实施推动了全球对气候变化应对措施的关注，这可能促使展览主题向低碳发展、可再生能源利用等方向靠拢。研究环保领域学术成果与科研进展，了解新兴绿色技术、生态保护创新方法等。例如，新型可降解材料的突破性研究成果，可能引发以“绿色材料革命：重塑可持续未来”为主题的展览构思。分析社会舆论热点，借助社交媒体、新闻媒体等平台，洞察公众对环保问题的关注点与讨论热度。若一段时间内城市垃圾分类话题持续升温，可考虑以此为切入点，确定相关展览主题。同时，对行业发展趋势进行评估，了解绿色展览行业内已举办的展览主题类型，避免主题同质化，寻找市场空白点与创新方向。

利益相关者需求调研。绿色展览涉及众多利益相关者，其需求对主题确定有重要影响。对潜在观众进行调研，通过问卷调查、焦点小组讨论等方式，了解他们对不同环保领域的兴趣程度、从展览中获取知识与体验的期望。如年轻群体可能对科技感十足的绿色创新产品更感兴趣，老年群体则对传统生态智慧与环保生活方式较为关注。针对参展商，了解其业务范围、产品特色以及参展目的。若环保设备制造商希望展示最新研发的污水处理设备，主题可围绕水资源保护与污水处理技术展开，满足参展商展示需求，也为观众提供实用信息。与环保组织、科研机构等合作方沟通，他们往往拥有前沿的环保理念与项目经验，能为主题确定提供专业视角与资源支持。如某环保组织正在开展濒危物种保护项目，可结合其资源，将展览主题聚焦于生物多样性保护。此外，还需考虑场地提供方的要求与限制，确保主题在场地设施、空间布局等方面具备可行性。

创意构思与筛选。基于环境扫描与利益相关者需求调研结果，展开创意构思。召集展览策划团队、环保专家、市场营销人员等，通过头脑风暴会议，激发创意。成员们可从不同角度提出主题设想，如从环保行动角度提出“绿色行动，从身边开始”，从未来愿景角度提出“畅想 2050：绿色星球的模样”等。对提出的众多主题创意进行初步筛选，排除不符合展览定位、缺乏可行性或吸引力不足的主题。筛选时，重点考虑主题与环保热点的契合度、对目标受众的吸引力、与利益相关者需求的匹配度以及展览资源的可支撑性。例如，若一个主题涉及的高端环保技术展品难以获取，且目标受众对此兴趣有限，便不宜作为备选主题。经过初步筛选，保留 3～5 个较具潜力的主题创意进入下一环节。

可行性评估与最终确定。对筛选出的主题创意进行详细的可行性评估。从财务角度，分析每个主题所需的展览筹备资金，包括展品采购或租赁、场地布置、宣传推广等费用，确保预算在可承受范围内。如以“太空环保：探索宇宙中的绿色使命”为主题，可能涉及昂贵的太空相关展品模型制作与特效展示设备租赁费用，若资金不足，则需谨慎考虑。从时间安排上，评估筹备周期是否合理，某些主题可能需要较长时间收集特定展品、邀请专业嘉宾，若展览时间紧迫则难以实现。例如，筹备一个关于珍稀植物保护的展览，若要集齐多种珍稀植物活体展品，可能需要数月甚至数年的时间与资源协调。从资源获取方面，考察是否能获取与主题相关的展品、专业讲解人员、合作机构支持等。如确定“绿色时尚：可持续服装设计变革”主题，需确保能联系到知名的可持续时尚品牌提供展品，邀请到时尚行业专家进行讲解。经过全面可行性评估，综合各方面因素，最终确定一个既富有吸引力与创新性，又切实可行的绿色展览主题。

四、展览时间与地点的确定

根据市场调研确定的最佳时间和地点，在立项策划书中详细列出。同时，要考虑到展会时间与当地其他大型活动是否冲突，以及展会地点的场馆预订情况等。

绿色展览时间由以下几方面确定：

考虑行业特点：绿色展览的时间选择应充分考虑行业特点，避免与行业内的其他大型展会冲突，以确保观众和参展商的参与度。例如，如果绿色展览是针对环保产业的，那么可以选择在环保政策发布或行业盛会之后举办，以吸引更多的关注。

关注市场需求：市场需求是影响绿色展览时间选择的重要因素。可以通过市场调研了解目标观众和参展商的时间安排，选择在他们空闲且兴趣浓厚的时间段举办展会。

避开节假日和重大活动：节假日和重大活动往往会导致人流分散，应避开这些时间段，以确保展会的观众流量和效果。

考虑气候条件：气候条件也是影响绿色展览时间选择的因素之一。特别是在户外或露天举办的展会，应充分考虑气候条件，避免在极端天气条件下举办展会。

绿色展览地点的确定由以下几方面确定：

考虑交通便利性：展览地点的交通便利性对于提高观众的参与度至关重要。应选择公共交通便捷、周边道路畅通的地点举办展会，以方便观众出行。

关注场地设施：展览场地的设施条件也是影响展会效果的重要因素。应选择具备完善设施、能够满足展会需求的场地，如展馆面积、展位布局、照明设施、音响设备等。

考虑环保因素：作为绿色展览，地点的选择也应注重环保因素。可以选择具备良好环保设施、符合环保标准的场地举办展会，以体现展会的环保理念。

结合城市特点：展览地点的选择还可以结合城市特点进行。例如，在环保产业发达的城市举办绿色展览，可以吸引更多的参展商和观众。同时，也可以利用城市的文化底蕴和旅游资源，提升展会的知名度和影响力。

五、参展范围

绿色展览的参展范围与展位规划是展会成功举办的关键要素之一，它们直接决定了展会的专业性和吸引力。绿色展览的参展范围通常涵盖环保产业及其相关领域，包括但不限于以下几个方面：清洁能源：包括太阳能、风能、水能、生物质能等可再生能源的展示和应用。节能减排：展示节能技术和产品，如节能灯具、节能建筑材料、节能交通工具等，以及节能减排的解决方案和案例。环境保护：涵盖污水处理、固体废物处理、空气净化、土壤修复等环保技术和设备，以及环保材料和环保服务。低碳技术：展示碳捕捉、碳储备、碳消费等低碳技术和产品，以及低碳经济的发展趋势和前景。循环经济：展示循环经济典型案例及适用技术，如废旧汽车拆解和利用、农村能源解决方案等。绿色生活：展示绿色家居、绿色出行、绿色消费等绿色生活方式和产品，引导观众树立绿色生活理念。

六、优秀绿色展览主题案例分享

（一）中国流动科技馆寿宁站巡展

2025 年 5 月 20 日启动的中国流动科技馆寿宁站巡展，以“流动科技馆，科普零距离”为主题，不仅为当地民众带来科普盛宴，更以绿色展览理念贯穿始终，打造兼具教育性与生态价值的沉浸式科普空间。在展览设计与搭建环节，全面践行绿色可持续理念。展区展台主体结构采用模块化铝型材框架，可重复拆装使用，大幅降低搭建与拆除过程中的材料损耗与废弃物产生；展墙使用可降解软膜，印刷采用大豆基环保油墨，从源头上减少污染。同时，展览充分利用场馆自然采光，结合智能感应 LED 灯带，实现照明系统的节能化管理；空调系统配备高效空气净化与温湿度智能调控模块，在保障观展舒适度的同时降低能耗。

三大主题展区在内容呈现上深度融入绿色元素。“海洋主题”展区，除了运用 VR 技术打造身临其境的深海体验，还特别设置“海洋垃圾的生态之殇”互动装置，观众可通过触控屏幕模拟不同海洋垃圾的降解过程，直观感受塑料污染对海洋生态的长期危害；展区墙面采用海洋生物可降解材料制成的立体浮雕，传递“保护海洋从选择环保材料开始”的理念。“AI 主题”展区内，“声音魔术师”等互动项目在硬件设计上采用回收塑料与竹纤维复合材料外壳，凸显循环经济理念；展区专门设立“AI 助力碳中和”案例墙，展示人工智能在碳排放监测、能源优化调度等领域的绿色应用成果。“双碳主题”展区更是成为绿色理念传播的核心阵地，不仅通过动态数据可视化大屏实时呈现全球碳排放与碳中和进程，还设置“我的低碳生活实验室”，观众可通过智能手环记录自身日常行为数据，在展区终端生成个性化碳足迹报告与优化建议；展区内的座椅、展架均使用竹缠绕复合材料与再生金属制作，切实展现绿色材料的应用潜力。

此外，展览特别注重全流程的绿色管理。推行“无纸化导览”，观众可通过扫描二维码获取电子导览手册与互动内容；现场提供可重复使用的竹纤维水杯与环保布袋，减少一次性用品消耗；设置垃圾分类智能回收系统，对展览产生的废弃物进行精准分类与高效回收处理。展览结束后，90%以上的搭建材料将回收入库，用于后续巡展活动，实现资源的最大化利用。

中国流动科技馆寿宁站巡展以绿色展览为实践路径，将科普教育与生态保护深度融合，不仅为县域地区民众带来前沿科技知识，更通过绿色设计、环保材料、互动体验等多元形式，引导公众树立绿色生活理念，为基层科普事业注入可持续发展动能。

（二）2023 年深圳国际低碳城·公共艺术展

深圳作为创新与环保先行城市，一直致力于推动低碳发展。2023 年深圳国际低碳城·公共艺术展以“一团和气”为主题。主办方调研发现，深圳居民对绿色低碳生活兴趣浓厚，但缺乏直观体验与参与方式。同时，关注到公共艺术在传播理念、提升城市氛围方面的潜力。基于南方传统民俗、生活习惯、生物物种、植物样本、气候特性等元素，邀请 11 位（组）艺术家及团队参与。他们以音乐、雕塑、建筑、视觉影像、互动装置和主题体验等艺术形式，在深圳国际低碳城公共区域布展，连接起“低碳艺术”城市散步路径。展览对市民免费开放，引导市民在日常活动中感受低碳艺术，将绿色低碳理念浸润到生活各方面，推动龙岗区乃至整个深圳的绿色“生产、生活、生态”三生融合，助力打造国际化绿色低碳示范样本。

任务三　绿色展览项目立项的论证

绿色展览项目立项论证，是在筹备绿色展览项目初期，对项目的必要性、可行性、效益性等方面进行全面、系统分析与评估的过程。它犹如建筑施工前的地质勘探，是确保项目顺利开展、达成预期目标的重要基石。必要性论证聚焦项目是否契合当下社会对绿色发展的需求，是否能填补市场空白或解决行业痛点。例如，随着公众对海洋塑料污染问题关注度飙升，策划一场以“海洋净土保卫战：向塑料污染宣战”为主题的绿色展览，具备立项必要性。可行性论证涵盖多个维度，包括项目在技术、资金、人力、时间等方面是否具备实施条件。如展览中计划展示先进的海洋垃圾清理技术，需评估是否能获取相关技术展品与专业讲解人员，资金预算能否支撑技术设备租赁与运输等费用。效益性论证则考量项目实施后带来的经济、社会与环境效益。绿色展览虽不以营利为唯一目的，但合理的经济收益（如门票收入、参展商赞助等）可保障项目持续运营；社会层面，通过传播绿色理念，提升公众环保意识，促进环保行动；环境效益体现在展览过程中采用环保材料、节能设备，践行绿色运营，减少对环境的负面影响。

一、剖析立项背景

随着全球环境保护意识的增强，绿色展览已成为展览行业的重要发展趋势。国家及地方政府对绿色展览的支持力度不断加大，出台了一系列政策措施，鼓励绿色展览项目的开展，推动展览行业向绿色、环保、可持续方向发展。在立项论证起始阶段，应深入剖析这些项目背景。关注全球及本地环保形势，如国际上对气候变化的应对举措，国内各地区环保政策的出台与调整，这些宏观环境影响着绿色展览项目的方向。研究行业动态，了解绿色展览领域已有的项目类型、主题与特色，找出潜在市场机会。例如，发现当前市场上针对青少年环保教育的绿色展览相对匮乏，可将项目目标设定为打造一个专门面向青少年，以趣味互动形式传播环保知识的绿色展览。明确项目核心目标，包括预期观众数量、传播绿色理念的深度与广度、对当地环保产业的促进作用等，为后续论证提供方向指引。

二、市场需求与目标群体的论证

绿色展览主要面向参展商、观众以及环保组织等群体。参展商希望通过绿色展览展示其环保理念和产品，提升品牌形象；观众则希望通过绿色展览了解环保知识，提高环保意识。针对潜在观众，运用问卷调查、访谈、焦点小组讨论等方法，了解其对绿色展览的兴趣点、消费能力、参观意愿等。如调查发现青少年对科技感强、互动性高的展览形式兴趣浓厚，在项目设计中可增加环保科技互动体验区。对参展商进行调研，了解其参展动机、产品类型、对展览服务的期望，若环保设备制造商期望展示最新产品，项目可规划专门的设备展示区域与技术交流活动。同时，分析竞争对手情况，找出自身项目的差异化优势。此外，调研行业专家、环保组织等意见，获取专业视角与资源支持，如邀请环保组织参与项目合作，丰富展览内容与权威性。

三、项目内容与实施方案的论证

项目内容包括绿色展览设计、绿色展台搭建、绿色材料使用、绿色能源利用等方面。强调环保、节能、可再生等绿色技术手段的应用，将展览活动对环境的影响降至最低。

项目实施方案包括项目计划、时间表、预算等。组建专业团队负责项目的实施和管理，确保项目按计划顺利进行。

此外，应引入先进的绿色展览设计理念和技术手段，如虚拟现实（VR）、增强现实（AR）等科技应用。与高校、科研机构等合作，共同研发绿色展览新技术和新材料。争取政府、行业协会等机构的支持和资助。与参展商、供应商等建立合作关系，共同推动绿色展览项目的开展。

四、项目风险评估与应对措施

项目的风险评估包括以下几方面内容，技术风险：新技术和新材料的应用可能存在不确定性，如展示技术故障，应用效果不佳。市场风险：市场需求变化可能导致项目收益下降。管理风险：项目实施过程中可能出现管理不善等问题。财务风险：资金短缺，可能由于预算超支、收入未达预期等情况引发。政策法规风险：涉及环保政策调整、展览审批政策变化等对项目的影响。针对不同风险制定应对策略，如加强宣传推广，拓宽宣传渠道，提高项目知名度，应对市场风险；建立技术备用方案，提前进行技术测试与维护，降低技术风险；优化预算管理，拓宽资金来源渠道，应对财务风险；密切关注政策法规变化，提前调整项目方案，规避政策法规风险。

综上所述，绿色展览项目立项的论证是全面且深入的。通过市场需求分析、项目内容与实施方案、技术与资源支持、风险评估与应对措施以及效益分析等方面的论证，可以得出以下结论：①绿色展览项目符合当前展览行业的发展趋势和市场需求。②项目实施方案可行，技术与资源支持充足。③风险评估与应对措施得当，能够确保项目的顺利实施和成功运营。④项目具有显著的社会效益和经济效益，值得立项实施。因此，建议相关机构或企业积极推动绿色展览项目的立项和实施，为展览行业的绿色、环保、可持续发展做出贡献。

五、绿色展览项目立项论证的作用

保障项目决策科学性：通过系统的立项论证，为项目决策者提供全面、准确的信息。决策者依据市场调研、可行性评估、效益预测等结果，权衡项目利弊，作出科学合理的立项决策。避免因盲目跟风或主观臆断导致项目失败，如在充分了解市场需求与竞争情况后，判断一个绿色展览项目是否能在市场中立足，是否值得投入资源开展。

优化项目规划与设计：立项论证过程中对项目各方面的分析，有助于优化项目规划与设计。根据观众需求与市场反馈，调整展览主题、内容与形式，使展览更具吸引力与针对性。例如，了解到观众对互动环节兴趣高，可在项目设计中增加更多环保知识问答、手工制作等互动项目。通过技术与资源可行性评估，合理安排项目进度，确保各项工作有序推进，避免资源浪费与工期延误。

吸引投资与合作：一份详细、科学的立项论证报告是吸引投资与合作的有力工具。投资者与合作伙伴通过报告了解项目潜力与可行性，评估投资回报与合作价值。如企业看到项目在财务效益与社会效益方面的良好前景，可能愿意提供赞助或参与项目合作；环保组织基于项目对环保理念传播的积极作用，可能与项目团队携手，共同推进项目实施。

降低项目风险：风险评估与应对策略制定是立项论证重要组成部分，能有效降低项目风险。提前识别风险并制定应对措施，可在风险发生时及时采取行动，减少损失。如针对可能出现的资金短缺风险，提前制定资金筹集预案，确保项目顺利进行。

任务四 绿色展览项目策划的内容与流程

一、绿色展览项目策划的内容

策划内容应遵循绿色、环保、可持续的原则，应以绿色发展理念为核心，贯穿整个展览活动的策划与实施过程。调研目标受众的需求、市场趋势和政策法规，确保展览主题与市场需求相符。选择与环保、节能、可持续发展等相关的主题，如“绿色生活，共建未来”，鼓励公众参与环保行动。展示环保技术和产品，如可再生能源、节水设备等，同时设立技术交流区域，促进技术交流与合作。展台搭建时，使用可装配的型材，如铝合金桁架、truss 架等，这些材料标准化程度高、组装灵活，并且可循环可再利用，可减少垃圾产生。在展厅设计中使用绿色材料，如可再生的竹子或麻绳，以及经过 FSC 认证的木材，这些材料具有更低的环境影响。优化物流计划，减少运输过程中的碳排放。利用数字化手段进行宣传，减少纸质材料的使用，提高宣传效率。展览结束后，合理拆除展台，确保材料的回收和循环利用。对参展商和工作人员进行绿色展览理念的培训，提高他们的环保意识，通过多媒体展示、互动装置和实际案例，帮助观众深入了解可持续发展领域的前沿发展和创新实践。开展线上展览活动，利用 VR 和 AR 技术，提供云端观展体验，减少实体展览的资源消耗。通过艺术家和环保组织合作打造的艺术装置，结合环境保护主题，为观众提供深入理解 ESG 理念[①]的机会。

二、绿色展览项目的策划流程

第 1 步：确定展览的主要目标和目的。进行市场调研，了解行业趋势、目标受众的需求和兴趣点以及竞争对手的活动。识别并分析目标受众的特征，包括他们的兴趣、年龄、职业和文化背景。评估可用资源，包括预算、场地、技术设备和人力资源。组织创意发想会，邀请团队成员、行业专家和潜在参展商参与，提出创意和建议。对潜在的主题进行可行性研究，评估其实施的难易程度和潜在风险。

第 2 步：地点选择与协商。选择举办地应基于绿色环保的原则。在与举办地点/地区协商时，我们应明确传达对绿色会议的承诺。例如，选择设施配备有节能设备、使用可再生能源的场所，或者是靠近公共交通设施的地点，以减少与会者的碳排放。

第 3 步：制订详细的行动计划。应当指派专人负责绿色会议的规划事项，也可以指

---

① ESG 理念：环境（Environment）、社会（Social）、治理（Governance），强度企业要注重生态环境保护、履行社会责任、提高治理水平。

派一个团队协助实施。详细的行动计划可以确保参与者更好地理解自己的角色和职责。行动计划应包含进度标准、时间表以及适当的监控措施。在早期阶段公开传达绿色环保的概念，可以激发参与者的积极性。

第 4 步：组织与实施。绿色措施应用于会议组织与实施的各个方面，包括与会者和发言人的沟通、交通运输的安排、餐饮服务和住宿等。例如，采用可再生能源的交通工具，提供本地和有机食品的餐饮服务，选择环保型住宿场所等。

第 5 步：报告、监测和评估。通过监测和评估会议的有效性和影响，可以提高会议期间绿色活动的实施效果。在会议结束后，与员工、参与者、公众以及今后会议合作组织讨论本次绿色会议的成功和不足之处，并评估本次会议的成效，为今后的绿色会议提供宝贵意见。

【任务小结】

绿色展览市场调研：是运用科学的方法与手段，对绿色展览所涉及的市场环境、目标受众、竞争对手以及行业趋势等方面信息进行系统收集、整理与分析的过程。

绿色展览项目立项论证：是在筹备绿色展览项目初期，对项目的必要性、可行性、效益性等方面进行全面、系统分析与评估的过程。

绿色展览的策划内容：应遵循绿色、环保、可持续的原则，策划内容应以绿色发展理念为核心，贯穿整个展览活动的策划与实施过程。包括市场调研（主题设定）、内容的规划、展览设计搭建过程中材料的选择、展览过程中节能技术的应用、绿色物流等。

【案例】

贵州省“山水新颜——国土空间生态保护修复成效展”

5 月 21 日至 7 月 30 日在贵州省地质博物馆举办的“山水新颜——国土空间生态保护修复成效展”，不仅是一场生态治理成果的展示盛宴，更是绿色展览理念深度践行的标杆案例。展览以“山河焕新颜，守护生命共同体”为叙事核心，依托贵州独特的喀斯特地貌生态特色，通过“生态之殇”“保护之策”“修复之效”“保护之益”“展望未来”五大板块，以“危机—行动—新生—共赢”的逻辑主线，系统呈现 2018 年以来贵州在生态保护修复领域的卓越成就，同时在展览全流程融入绿色实践，打造沉浸式生态教育空间。

在展览设计与搭建环节，绿色理念贯穿始终。展区结构采用模块化可循环使用的再生金属框架与环保竹纤维板材，避免传统建筑材料的高能耗与污染；展墙装饰运用取自当地石材边角料与植物纤维混合压制的生态板材，既呼应喀斯特地貌特色，又实现废弃物的循环利用。照明系统结合博物馆自然采光条件，辅以智能感应 LED 灯带，在重点展区采用动态光影模拟贵州山水昼夜变化，既突出展品展示效果，又降低能源消耗。

互动体验设计中，绿色科技与生态教育深度融合。在“生态之殇”展区，利用VR技术还原喀斯特石漠化严重时期的荒芜景象，配合环境音效，让观众直观感受生态破坏的危害；“保护之策”展区设置“生态修复方案沙盘”，观众可通过触控操作，模拟不同修复技术对水土流失、石漠化治理的效果，其中沙盘底座由回收塑料与植物秸秆复合而成，传递循环经济理念。“修复之效”展区打造实景化生态长廊，运用全息投影技术复原黔金丝猴、黑颈鹤等珍稀动物的栖息场景，结合展区内种植的本地耐候植物，营造生机勃勃的生态氛围，植物灌溉系统采用雨水收集与滴灌技术，实现水资源的高效利用。

展览在可持续管理上同样亮点频出。现场推行“无纸化导览”，观众通过扫描二维码获取电子导览手册与互动内容；提供可重复使用的环保竹纤维水杯，减少一次性用品消耗；设置智能垃圾分类回收装置，对展览产生的废弃物进行精准分类处理。展览结束后，90%以上的搭建材料将被回收再利用，部分生态板材与植物将捐赠给当地社区用于生态建设，真正实现“零废弃”办展。

此外，展览特别设置“绿色行动倡议区”，观众可通过电子签名墙许下个人环保承诺，并参与“我为家乡添新绿”线上植树活动，虚拟树苗成长数据将与线下真实植树项目联动，切实推动绿色理念转化为实际行动。“山水新颜”展以绿色展览为载体，不仅展示了贵州生态保护修复的壮丽画卷，更通过全方位的绿色实践，为全国生态主题展览提供了可复制、可推广的范例，助力构建人与自然和谐共生的生态共同体。

【案例分析】

一方面，绿色展览的发展能够减小展览活动对环境造成的负面影响，降低展览活动的能源消耗，减少废弃物的产生，保护自然资源和生态环境，促进城市的可持续发展；另一方面，绿色展览的发展能够提高会展业的形象和品牌价值，吸引更多的客户和参展商参与到展览活动中，促进会展业健康发展。

【任务测试】

1. 在绿色展览的设计搭建中，如何平衡环保材料的成本与性能，确保模块化可循环材料既能满足结构强度需求，又能实现大规模推广应用？

2. 绿色展览的互动体验常借助科技手段，如何避免高科技设备的能耗问题，实现绿色科技与低碳运营的有机统一？

3. 展览结束后搭建材料的回收再利用至关重要，怎样构建高效的回收网络和后续利用渠道，保证90%以上材料回收率目标的可持续性？

4. 绿色展览不仅是成果展示，更是理念传播，如何设计更具感染力的互动环节，将观众许下的环保承诺切实转化为日常生活中的长期绿色行动？

【任务拓展】

6 月 5—7 日在上海新国际博览中心举办的上海国际碳中和博览会，以“走向碳中和之路”为主题，不仅在内容上深度聚焦绿色低碳产业发展，更在展览实践中全方位贯彻绿色展览理念，从场馆搭建到运营管理，从展品展示到互动体验，打造一场兼具专业性与示范性的绿色盛会。

在展览搭建环节，博览会严格遵循低碳环保原则。场馆主体结构采用模块化可重复使用的钢结构框架，搭配可降解生物基复合材料墙板，减少一次性材料使用；展台设计推行“轻量化、循环化”理念，鼓励参展企业使用可拆装、可回收的展具，部分企业还将采用废弃光伏板、再生塑料颗粒制成的环保板材进行展位装饰。同时，展区照明系统全面升级为智能调光 LED 灯带，结合场馆顶部的大面积太阳能采光板，实现自然光与人工光的智能互补，预计可降低 40%的照明能耗；空调系统配备高效热回收装置与新风净化系统，在保障舒适观展环境的同时，大幅减少能源消耗。

展览内容板块充分展现绿色技术与实践成果。在能源转型展区，除了展示最新的风光储一体化解决方案，还特别设置“零碳能源系统沙盘”，通过动态数据模拟不同能源组合下的碳排放与能源效率；低碳交通展区不仅陈列新能源汽车、氢燃料船舶等实物展品，还搭建“未来交通碳足迹计算器”互动装置，观众输入出行数据即可实时生成碳排放报告，并获得个性化低碳出行建议。特色专区中的“两新•焕新”展示区聚焦新兴技术与新兴产业，展出利用碳捕集技术制成的建筑材料、生物降解塑料创新产品等；民营经济专区则重点呈现中小企业在绿色供应链管理、循环经济模式中的探索实践，为产业绿色转型提供多元化视角。

互动体验环节深度融入绿色理念。开幕式发布的上海本土产品碳足迹数据库，不仅面向参展企业开放数据查询接口，还在现场设置“碳足迹溯源体验站”，观众通过扫描展品二维码，即可获取产品从原料采购、生产加工到运输销售全生命周期的碳足迹数据，直观感受绿色供应链的重要性。升级后的“可持续的一天”展台打卡活动，串联起“低碳早餐制作”“绿色办公模拟”“零碳出行规划”等沉浸式场景，观众佩戴智能手环参与互动，系统将根据行为数据实时计算减碳量，并生成个人绿色生活报告。此外，博览会全程推行无纸化服务，从电子门票、线上导览到电子签约，减少纸张浪费；现场提供可重复使用的环保水杯，并设置雨水收集装置用于展区绿植灌溉，全方位践行绿色办展承诺。

上海国际碳中和博览会通过一系列绿色展览实践，将“碳中和”理念从概念宣传转化为可感知、可参与的实际行动，不仅为全球绿色低碳技术交流与产业合作搭建平台，更以绿色展览为示范样本，为推动经济社会全面绿色转型提供创新思路与实践路径。

【实训】

1. 收集你所在城市在展览方面的信息，包括艺术展览、材料展览、新技术发明展览等，从中判断你所在城市举行展览时的具体形式。根据这些正在举行展览的情况，指出展览过程中存在的资源与材料，以及形式等方面存在的环保问题，并提出绿色展览的可实行方案。

2. 随着经济的发展，中国在国际上的地位与日俱增，越来越多的展览将目标放在了中国，而中国越来越多的城市开始努力打造绿色持续可环保的新名片，进一步通过举行各种展览（如艺术品展、高科技展）来拉动城市的经济发展与知名度。成都举办的 ISO 20121 培训，旨在帮助会展从业人员掌握国际大型活动可持续性管理的标准要求与应用方式，减少会展碳排放和展会资源浪费。这表明了绿色展览在提升行业标准和专业知识方面的努力。

国家会议中心作为绿色展馆的代表，在各环节采用绿色设计理念，每一步均按照国家环保标准实施，实现了绿色运营的目标。这展示了绿色展览在硬件设施和运营管理上的实践。查阅相关的资料总结并分析国家会议中心在各环节的绿色会展设计理念以及举办展览时实现环境与资源保护方面的措施。

项目四　绿色展览的准备与组织

【学习目标】

1. 明确绿色展览主（承）办机构的选择标准。
2. 掌握绿色展览场地与设备设施的选择依据。
3. 学习如何筛选配套服务商，确保展览全过程的环保性。
4. 掌握绿色展览文案的准备要点。

【案例导入】

绿色展览实践标杆：2024深圳国际新能源科技展全流程解析

在2024年深圳国际会展中心举办的新能源科技展中，组委会通过系统化绿色管理，打造了国内首个实现全生命周期碳中和的标杆展会。该案例被收录于《中国绿色展览发展报告（2024）》优秀实践案例库，其创新机制贯穿三大阶段。

一、布展阶段：模块化设计与循环物流体系

组委会严格执行《绿色展位评选标准》，要求所有展台采用“70%模块化构件+30%定制化装饰”的设计模式。以特斯拉展位为例，其主体结构采用铝合金快装框架，墙面覆板使用秸秆基生物材料，既实现单展位搭建垃圾减少82%，又通过“展装分离”模式将核心构件存入共享仓库供下届展会复用。物流体系方面，引入区块链技术全程监控运输路径，通过合并运输将碳足迹降低36%，并首次使用氢能源重型卡车完成60%的展品运输。

二、展出阶段：数字化协同与能源精细化管理

展会期间全面启用“数字孪生管理系统”，实时监测各展区能耗数据。重点创新包括：①光伏玻璃地面铺设面积达1.2万平方米，日均发电量满足40%场馆需求；②采用物联网控制的动态照明系统，根据人流量自动调节亮度，较传统模式节电58%；③设立“碳积分兑换站”，观众通过公共交通出行、参与垃圾分类等行为累计积分，共兑换绿色礼品3 200件，带动绿色出行比例提升至79%。该模式被中国绿色会展联盟评为“最佳公众参与案例”。

三、撤展阶段：材料闭环与生态补偿机制

撤展工作严格遵循“五级分拣标准”，现场设置 12 个专业回收点。数据显示，92%的搭建材料进入循环系统，其中 PETG 环保板材 100%回厂重塑；3.6 吨电子废弃物经认证机构拆解再生；不可回收物通过碳交易平台购买林业碳汇实现 100%抵消。更创新引入“展品生命周期追踪系统”，为 83 家参展商的展品建立数字化档案，持续跟踪后续使用阶段的碳排放。

成效与行业影响：

经第三方机构核查，本届展会较传统模式减少碳排放 2 175 吨，单位面积能耗仅为行业平均值的 43%。其创新实践带来多重效益：①经济层面：通过材料循环降低 35%搭建成本，吸引 18 家头部企业签订长期绿色参展协议；②社会层面：培训认证绿色搭建师 126 名，推动行业标准升级；③政策层面：为地方政府制定《会展业碳核算指南》提供数据支撑，促成深圳市出台绿色展会补贴政策（最高奖励 50 万元/场次）。

该案例的成功印证了《绿色展览发展报告》的核心结论：绿色转型需构建“标准引领—技术创新—利益共享”的生态系统。正如德国会展业专家在案例研讨会上指出的：这种涵盖“空间设计模块化、能源管理智能化、材料流动闭环化”的三维模式，为全球会展业提供了可复制的中国方案。未来随着《绿色展览等级评定规范》的全面实施，这种全流程绿色管理模式将成为行业准入的新基准。

【思考】

2024 年深圳国际新能源科技展作为绿色展览的实践标杆，为行业提供了宝贵的经验和启示。从布展阶段的模块化设计与循环物流体系到展出阶段的数字化协同与能源精细管理，再到撤展阶段的材料闭环与生态补偿机制，整个展会实现了全生命周期的碳中和，展现了绿色展览的可行性和优越性。

【任务认领】

假设你作为“2025 北京国际环保科技展”的项目负责人，需选择一家符合绿色标准的搭建与施工服务商，确保展台设计、材料应用及施工流程符合碳中和目标。请列出至少 3 家候选企业，简要说明其基本信息（包括但不限于资质、技术专长、合作案例）。

任务一 确定主（承）办机构

一、主（承）办机构概述

（一）主办单位（organizer）

主办单位作为绿色展览的核心驱动者，其角色已从传统的事务协调者升级为行业规则的制定者与生态共建者。以中国国际进口博览会（CIIE）为例，主办方通过制定《绿色会展标准 2.0》，将碳排放强度、可循环材料占比等 18 项量化指标纳入参展合同，并联合第三方机构开发“碳眼”监测平台，实时追踪物流运输、展台搭建等环节的碳排放数据，推动 2023 年展会整体碳足迹较基准年下降 41%。

在标准构建层面，德国汉诺威工业博览会主办方 Deutsche Messe 联合 TÜV 莱茵集团推出《绿色展商分级认证》，从能源效率、FSC 认证材料使用率（需达 60%以上）、废弃物回收率（≥85%）等维度评分，达标展商可获 10%～15%的展位费减免及主通道优先选址权，2023 年通过认证的企业数量同比增长 67%。

技术赋能方面，广交会主办方推出的“绿色会展云脑”平台集成三大创新模块：AI 设计助手可在 30 秒内生成 3 种低碳展台布局方案，区块链追溯系统确保展具材料来源透明化（如扫码可查竹纤维板材的种植地碳足迹），共享租赁市场则对接 500 余家环保供应商，使展具复用率提升至 78%。

协同治理机制上，杭州亚运会组委会首创“绿色积分银行”，参展商使用新能源物流车（每千米积 2 分）或模块化展具（每平方米积 5 分）可累计积分兑换媒体资源，2023 年头部参展商平均积分超 12 万分，带动供应链整体减碳 32%；同时，主办方对使用一次性 PVC 背板的展商收取碳排放附加费（200 元/米^2），使违规率从 18%降至 3%。

国际实践中，慕尼黑国际环博会（IFAT）主办方设立 500 万欧元“绿色加速器基金”，资助参展商开发生物降解黏合剂等技术并共享成果；上海进博会则联合敦豪集团（DHL）等企业建立全球首个会展碳抵消池，参展商可购买风电、林业碳汇实现 100%自愿碳中和。

未来，主办单位将进一步演化为“数据中枢”与“碳资产管理者”，通过物联网与 AI 优化全链条能效（试点显示可再降本 15%），并探索发行会展碳信用（CCER）打通碳金融市场，实现环境价值与商业收益的深度绑定。

（二）承办单位（co-organizer）

承办单位作为绿色展览的落地执行主体，承担着从空间运营到服务集成的全流程管理职责，其核心价值在于将绿色理念转化为可量化的操作标准与用户体验。以国家会展中心（上海）为例，承办方通过部署智慧能源管理系统（EMS），实时监测 12 万平方米展馆的能耗数据，AI 算法动态调节空调与照明策略，2023 年展会平均能耗强度下降 18%，节水率达 23%。

在绿色设计领域，承办方需主导模块化展具应用与数字孪生技术融合。深圳会展中心采用铝制快装结构，配合 BIM 模型预演搭建流程，使单展位搭建时间缩短至 4 小时，材料损耗率从 35%降至 5%；慕尼黑展览集团则开发“低碳设计工具箱”，包含 200 种可循环材料数据库与碳足迹计算插件，帮助参展商一键生成符合 EPD（环境产品声明）认证的展台方案。

物流环节的绿色化革新体现为智能调度与清洁能源应用。汉诺威会展服务公司（Hannover Services）启用氢燃料电池叉车与无人驾驶牵引车，使场内物流碳排放较柴油设备降低 70%，并通过路径优化算法将展品搬运距离缩短 40%。废弃物管理方面，承办方需构建分级处理体系：上海新国际博览中心引入 AI 视觉分拣机器人，精准识别金属、塑料、木质垃圾，回收率提升至 90%；东京 Big Sight 会展中心采用黑水虻生物处理技术，每日转化 2 吨厨余垃圾为 300 千克昆虫蛋白饲料，实现资源闭环。

数字化管理工具成为降本增效的关键。承办方通常利用运营物联网平台整合多源数据，如杭州国际博览中心的“绿色大脑”系统接入 5000+传感器，实时监测展馆温湿度、人流密度及能源消耗，自动生成优化建议（如人流低谷期关闭 30%照明）；区块链技术的应用则确保透明度，广交会承办方为每件租赁展具赋予数字 ID，扫码可追溯其使用次数、运输里程及维修记录，使展具周转率提升 65%。

面对成本与技术双重挑战，领先承办方正探索创新模式。北京北辰会展集团推出“绿色服务套餐”，参展商按需选择模块化展具包（基础版减碳 30%）或碳中和全包方案（价格上浮 15%但含碳抵消认证），2023 年选择高级套餐的企业占比达 42%。德国瑞曼迪斯集团（Remondis）则创新“废弃物按量计费”模式，对未达回收率指标的参展商收取附加费（每超标 1 吨加收 200 欧元），倒逼源头减量，试点展会的填埋量降至 3%以下。

未来，承办单位将向“碳资产管理专家”转型。试点中的人工智能生成内容（AIGC）设计工具可根据参展商需求（如预算、主题风格）自动生成 10 种低碳方案，设计效率提升 80%；动态碳价机制通过物联网采集实时数据，在能源高峰时段对高耗能行为加收费用（如空调超温使用费提升 50%）。随着政策驱动加强（如欧盟要求 2025 年大型会展必须披露 Scope 3 碳排放），承办方的数据整合与认证能力将成为行业竞争的核心壁垒。

二、如何确定主（承）办机构

（一）对应需求与目标

确定主（承）办机构需以量化需求为起点，通过系统性分析实现精准匹配。首先需明确活动的核心需求与优先级：以某国际新能源展为例，其核心目标设定为“10 万平方米展览面积实现 100%绿电供应，参展商碳足迹披露率≥90%”，次要目标包括吸引 30%参展商使用模块化展具，并采用 SMART 原则将单位面积能耗目标量化为≤1.2 千瓦·时/米^2（较基准下降 30%）。在此阶段需运用 Kano 模型区分基本需求与增值服务，如合规使用 FSC 认证木材为底线要求，而碳中和认证则为差异化竞争力。

主（承）办机构筛选需构建多维能力评估模型。对于主办方，重点考察战略匹配度与资源整合力。例如，某机构因参与制定国家标准《绿色展览场馆评价》（GB/T 35609），且近三年成功实施碳抵消超 1200 吨的展会案例，在政府背书、供应商网络（合作环保技术企业≥50 家）等指标上获得高评分。承办方则需通过技术能力与成本控制水平验证。如国家会展中心（上海）因部署 AIoT 能耗监控平台实现单日节电 8 000 千瓦·时，且模块化展具租赁溢价率控制在 12%，在评估中脱颖而出。能力匹配可借助权重评分工具，某次评估中主办机构 A 因绿色标准制定能力（权重 25%）得分 4 分、政府资源（权重 20%）得分 5 分，以总分 4.1 分优于竞争对手。

合作机制设计需明确责任边界与动态考核。主办方主导顶层规则制定，如拟定《绿色会展章程》并分配碳配额；承办方负责落地执行，需每日提交涵盖能耗、回收率的数据简报。合同可设置奖惩条款：若承办方实际碳强度较目标再降 10%，可获合同金额 5%的奖励；反之，未达基准则按 50 元/吨 CO_2e 的碳价扣款。验证阶段通过 1 万平方米试点压力测试，重点考核突发停电后氢能备用电源启动时间（要求≤10 分钟）及区块链数据上链率（≥95%），并根据季度 PDCA 循环会议持续优化流程。这种从需求拆解到动态迭代的方法，可降低 30%以上的执行风险，推动绿色目标高效落地。

（二）市场调研与比较

资质与经验评估。需优先选择参与过绿色认证（如 LEED 认证）或符合《绿色展览运营管理规范》的机构，并关注其在绿色展会实践中的具体表现和成果。

行业合作资源。主（承）办机构的合作网络是否覆盖绿色供应链是评估其行业影响力与合作能力的重要指标。一个拥有广泛绿色供应链合作网络的机构，通常能够确保参展商在选择供应商、服务商时拥有足够的绿色选项，从而推动整个展会项目的绿色化进程。此外，主（承）办机构是否具备整合行业资源、推动绿色创新的能力，以及是否能够与参展商、观众等各方共同构建绿色展会的生态系统也作为合作依据。因此，要深入了解主（承）办机构的行业合作资源和能力，更加准确地判断其在绿色展会领域的发展潜力和引领作用。

（三）资质合法性要求

主（承）办单位需具备独立法人资格，拥有或租赁符合标准的场地，并建立完善的组织架构与管理制度。同时，其必须依法经营、恪守诚信原则，且需提供与展会规模相匹配的资源保障，包括技术支持、物流协调及风险管控能力。

法人资格。具备独立法人资格，确保法律主体责任的明确性。

场地资源。拥有自有或租赁的合规展览场地，满足绿色展会空间规划需求。

管理体系。建立质量管理体系（QMS）与环境管理体系（EMS），将绿色理念纳入制度文件。

信用基础。依法经营且无重大安全事故、知识产权侵权等违规记录。

（四）绿色能力专项评估

方案规划。是否制定包含绿色目标、实施路径及量化指标的系统性运营方案，涵盖场馆选择、搭建标准、能源管理等维度。

技术能力。优先选择具备模块化展台设计、可循环材料应用经验的工程服务商，避免现场切割、喷漆等高污染工序，以及包括服务商在绿色设计、绿色施工等方面的创新能力，不断采用先进的节能技术、智能化管理系统等，推动展会行业的绿色发展。

供应链管理。要求合作物流、搭建企业使用环保认证材料，控制木质建材比例，推广无污染黏合剂与涂料。

历史表现。参考过往项目的绿色评级结果，如是否获得碳中和认证或绿色展会评价体系认可。除此之外，企业是否积极参与绿色展览相关的公益活动和社会责任项目，以及其在绿色展会领域的创新成果和贡献也可以作为参考依据。

（五）其他参考因素

主（承）办机构的确定还需要更全面地衡量其在绿色展会领域的综合表现与潜力。其他因素包括但不限于以下内容：

预算匹配度。考量主（承）办机构给出的费用方案是否与展会预期预算相符，能否在合理成本范围内达成绿色展会目标，避免过高成本造成资金压力。

长期收益考量。评估其运营模式是否有助于展会长期效益提升，如通过绿色举措吸引更多参展商与观众，增加展会品牌价值，进而带来后续更多收益机会。

绿色理念创新。是否能不断提出新颖的绿色展会理念，区别于传统展会模式，为展会带来独特亮点与竞争力。

技术应用创新。关注其在数字化技术助力绿色展会方面的能力，如利用线上平台减少纸质资料使用、通过智能系统优化展会资源调配等。

风险识别水平。主（承）办机构要能精准识别绿色展会举办过程中可能出现的各类风险，如环保材料供应中断、绿色技术应用故障等。

应急预案完善度。制定完善的应急预案，明确应对风险的具体措施、责任人及资源调配方案，确保风险出现时能迅速有效处理，保障展会顺利进行。

任务二　选择配套服务商

一、核心配套服务商类型及功能定位

（一）绿色展览设计与策划服务商

负责展位模块化设计、环保材料应用方案制定、全流程碳足迹测算等。需具备国际通行的绿色设计认证（如 LEED、BREEAM）及模块化系统开发能力，确保设计符合《模块化展览展示系统基本要求》（GB/T 43213—2023）中关于系统构建、模块设计、材料使用的规范性要求。

（二）绿色搭建与施工服务商

需具备绿色施工资质（如 ISO 14001 环境管理体系认证），掌握低碳施工技术（如无尘切割、低噪声组装），并严格遵循《绿色展馆》行业标准中的安全规范。施工过程中需控制扬尘、噪声，采用预制构件减少现场加工，降低对环境的影响。

（三）绿色物流与仓储服务商

提供低碳运输方案（如新能源车辆）、智能仓储管理（如 RFID 追踪）及包装材料循环服务，致力于降低运输过程中的碳排放。需符合《绿色展会评价规范》中关于物流环节的碳排放限额，如单位展品运输能耗较行业基准降低 15%。

（四）绿色场馆运营服务商

绿色场馆运营服务商涵盖场馆能源管理（如光伏发电、智能照明）、废弃物分类处理、绿色餐饮供应等多个方面，通过整合跨领域技术与资源，为场馆提供覆盖规划、建设、运营、评估的全生命周期绿色化服务，构建可持续的商业闭环，推动会展业低碳转型。其核心能力涵盖四大维度：①绿色规划设计，运用BIM模型优化设计并协助获取国际认证，如法国GL Events集团为成都西博城降低30%空调负荷。②智慧能源管理，部署AIoT系统与清洁能源设施，深圳国际会展中心与华为共建的64万平方米光伏屋顶年发电3 200万千瓦·时。③循环物资管理，通过RFID追踪与共享平台提升效率，灵通展览系统股份有限公司的“展具银行”使长三角展具复用率翻倍至78%。④数字化碳管理，依托SaaS平台实现精准核算与抵消。广交会借助碳足迹系统3天完成10万平方米碳排放测算。

在技术应用层面，新加坡金沙会展中心利用AI动态调控空调，节能25%；迪拜世博会应用AI分拣机器人，废物回收率提升至92%；香港亚洲国际博览馆通过数字孪生体提前72小时优化供电策略。在商业模式上，EPC+O模式（设计—采购—建设—运营一体化）与碳资产服务成为主流。上海环球金融中心通过节能效益分成年省电费千万元，深圳会展中心碳交易年收益达200万元。

面对初期成本高、技术整合难等挑战，行业通过政策杠杆（如北京减免节能企业增值税15%）、轻量化方案（腾讯云IoT硬件降本70%）及生态共建破局。标杆案例中，GL Events集团以地源热泵+相变储能系统降低里昂场馆供暖成本55%，北辰会展集团在杭州打造“零碳会议室”并联动京东物流构建运输减排63%的闭环体系。

未来，技术融合将深化至AIGC自动生成设计、区块链材料溯源等领域，服务模式向城市级统筹升级（如上海虹桥五大展馆综合能耗下降22%），在政策驱动下，将催生碳关税应对工具与ESG评级服务。绿色场馆运营服务商正从技术执行者蜕变为生态构建者，通过重构协作网络与价值分配机制，成为会展碳中和进程的中枢引擎。

（五）第三方认证与评估机构

提供绿色认证、碳足迹核查及全流程绩效评估，依据行业标准开展服务商资质审核，确保参展商和服务商符合相关绿色标准和要求。通过建立最佳供应商选择标准（图4-1），对服务商的能力进行全面评估，确保展览活动的绿色、可持续进行。

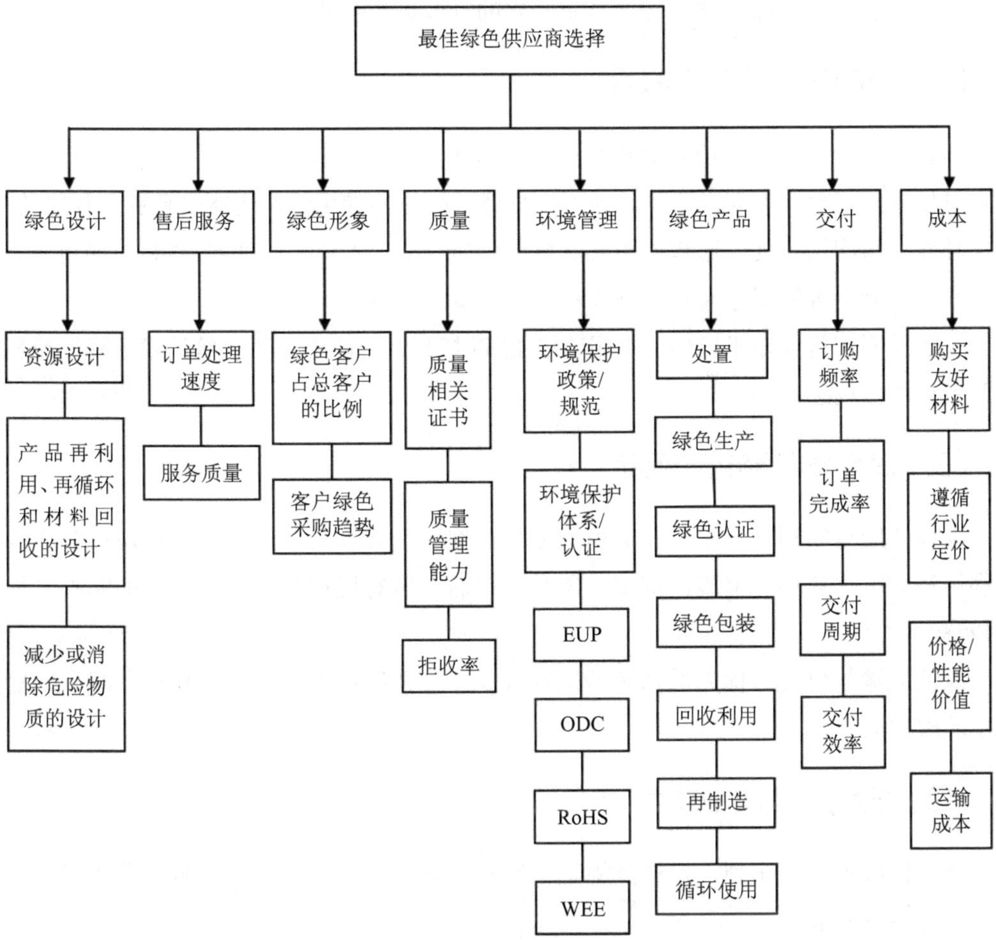

图 4-1 绿色供应商选择标准和子标准的概念模型

二、配套服务商选择依据

（一）服务商的环保资质与认证

具备相关认证。服务商应具备相关的环保认证，如 ISO 14001 环境管理体系认证、绿色建筑评价标准（如 LEED 或 GB/T 50378）等。这些认证能够证明其在环保设计、施工和运营方面的专业能力和合规性。

完善的绿色供应链管理。服务商应建立完善的绿色供应链管理体系，确保从材料采购到施工过程中的各个环节都符合环保要求。例如，优先选择可回收、可降解的材料，并减少资源浪费。

有政府支持与政策扶持。服务商应获得政府或行业协会的支持，如财政补贴、税收优惠等，这表明其在绿色展览领域具有一定的行业地位和影响力。

（二）绿色设计与模块化技术

模块化设计。服务商应熟悉模块化展览展示系统的设计与开发，能够提供标准化、可重复使用的展板和展架。这种设计不仅可降低材料的使用量，还能提高资源利用效率。

环保材料应用。优先选择使用天然材料（如竹子、木材）、可回收材料（如金属、塑料）和环保涂料等的服务商，以减少对环境的负面影响。

节能照明与智能技术应用。采用节能 LED 灯具、智能控制系统等技术，降低能耗并提升展览的科技感。

（三）废弃物处理与循环利用

详细的废弃物管理方案。服务商应制订详细的废弃物处理计划，包括垃圾分类、回收利用和无害化处理等措施。例如，展会结束后，所有展板和装饰材料应能回收再利用或降解。

绿色运输与包装。优先选择环保运输方式，并使用可循环的包装材料，减少运输过程中的碳排放。

（四）服务范围与专业能力

全方位服务。从策划、设计到施工、维护的全流程服务，确保绿色展览的每一个环节都符合环保要求。

定制化解决方案。服务商应具备灵活的定制化能力，能够根据客户需求提供个性化的绿色展览方案。例如，为不同规模的展会提供特装展位设计与搭建服务。

技术支持与培训。服务商应具备强大的技术研发团队，并能为客户提供相关的技术支持和培训，帮助客户更好地理解和应用绿色展览的理念。

（五）客户评价与行业声誉

客户反馈与案例展示。服务商应提供过往绿色展览项目的成功案例，并通过客户评价证明其服务质量。

行业认可与奖项。服务商应获得行业内的认可和奖项，如“绿色展览优秀服务商”称号或相关领域的创新奖。

（六）价格与性价比

合理定价。服务商的价格应与其提供的服务质量相匹配，避免因低价而牺牲环保标准。高品质的绿色材料和先进的施工技术可能会导致成本上升，但这是为了实现可持续发展的目标。

长期合作与优惠。服务商应提供长期合作的价格优惠或合同条款，鼓励客户持续选择其绿色展览服务。

（七）其他衡量依据

政策引导。服务商应积极响应国家“双碳”战略，参与制定或遵循绿色展览相关的国家标准和行业规范。

行业合作与推广。服务商应与政府、行业协会和其他企业合作，共同推广绿色展览理念，并通过展会、研讨会等形式提升行业影响力。

企业社会责任。服务商应积极履行企业社会责任，如参与公益活动、支持环保项目等。这不仅提升了企业的社会形象，也体现了其对环境保护的承诺。

技术创新与研发。服务商应持续投入研发，开发新的绿色展览技术和产品，推动行业的可持续发展。

任务三　落实绿色展览场地和设备设施

一、绿色展览场地的选择

（一）评估交通便利性与可达性

优先选择公共交通网络覆盖的场地。选择靠近地铁、公交枢纽或配备接驳车的场馆，减少参展者自驾产生的碳排放。

优化物流路线。合理规划货车进出路线，避免空驶和交通堵塞，积极推广使用清洁燃料或新能源车辆以降低运输过程中的环境污染。

考察周边配套。确保场地周边有充足的酒店、餐饮区及商业设施，降低参展者的通勤需求。同时，对餐饮服务提出明确要求，如使用可降解餐具，减少一次性塑料制品的使用，以进一步减少环境污染。

（二）审查场馆绿色建筑认证与设施标准

符合绿色建筑规范。优先选择绿色设计、节水节材、能源管理等建设场馆。可参照《绿色会展标准体系》，采用节水器具和雨水收集等节能系统。

节能与智能系统。优先选择配备智能环境控制系统（如自然通风、遮阳系统）的场馆，并采用 LED 照明等高能效设备。场馆容量尽量匹配展览规模，避免空间浪费。

模块化与循环利用设计。优先选择采用了可拆卸结构的场馆，标准展位使用可重复使用的构件。

（三）评估环境资源与生态兼容性

整合旅游资源。场地周边需具备文化景点、购物中心等休闲资源，提升参展体验的同时减少长距离出行。

绿化与生态平衡。参考温室建筑设计标准，要求展馆外围采用垂直绿化或绿色屋顶，降低热岛效应。

（四）审核环保政策与合规性

遵循国家与地方有关法规和标准。如国务院《关于加快建立绿色低碳循环发展经济体系的指导意见》要求展馆推进设施循环利用，浙江省 DB33/T 2362—2021 标准规定了绿色拆除流程。

绿色认证要求。优先选择通过 LEED 等认证的展览场馆，确保材料环保性和施工规范。

（五）综合成本与长期效益分析

全生命周期成本核算。评估场馆租金、能源消耗及维护费用，优先选择采用太阳能等可再生能源的场地，以降低长期运营成本。

政策补贴与激励。利用政府绿色会展奖励制度（如税收优惠），降低初期投入成本。

二、设备设施的选定

（一）制定选型标准

达到能效等级要求。大型耗能设备（如空调、照明）需达到国家能效二级以上，优先选择变频控制与智能感应装置。

符合环保材料认证。设备外壳与构件需符合《绿色产品评价通则》（GB/T 33761—2024），优先采用再生铝、竹纤维复合材料等低碳材料。

（二）分项设备选型方案

照明系统方面，优先采用 LED 灯具（光效≥120 流明/瓦），搭配分区调光系统，根据活动类型制定差异化用电规范，以实现照明系统的精准控制。

暖通空调（HVAC）方面，可选用磁悬浮冷水机组（COP≥6.0）与热回收新风系统，减少冷热负荷损失。

对于特殊设备，叉车、清洁车等可选择采用新能源动力（如锂电池），并配置集中充电桩。

（三）供应链管理

绿色展览的供应链管理是通过系统性优化“采购—物流—仓储—回收”全链条，构建低碳、透明、可追溯的物资流通体系。其核心在于将循环经济理念融入传统供应链，借助数字技术实现资源效率最大化与环境影响最小化。以中国国际进口博览会为例，通过整合区块链溯源、共享展具平台和智能调度算法，2023 年展会物流碳排放强度较 2018 年下降 62%，展具循环率从 35%提升至 89%。

绿色展览的供应链管理正从线性消耗模式向网状循环生态转型，通过技术创新与制度设计的双重驱动，实现环境效益与运营效率的协同跃升。这一变革不仅降低单个展会的碳足迹，更推动整个会展行业向资源永续利用的范式演进。

（四）设备验收与调试

在设备设施安装完成后，需进行严格的性能测试和智能化集成工作。空调系统需进行风量平衡测试，确保其能效达标；照明系统则需模拟实际使用场景进行验证，确保照度均匀性满足要求。

同时，所有设备需接入中央能源管理系统（EMS），实现能耗的实时监控与优化。通过智能化管理手段，提高设备设施的能效水平，降低运营成本。

任务四　准备绿色展览相关文案

一、绿色展览总体策划方案

统筹全局的核心文案，须系统阐述绿色展览的顶层设计。制定明确的环保目标和实施步骤，充分考虑环境保护、资源利用和能耗降低等方面的要求。绿色展览的实施全过程要求，包括筹备、布展、展出、撤展和总结等环节，为展览提供系统性环保框架，协调多方资源，确保环保措施与展览流程无缝衔接，避免资源浪费与执行盲区。

二、绿色展台搭建与施工技术规范

聚焦展台设计与施工环节，遵循“可循环结构优先”原则，系统提出绿色展台搭建的全流程技术要求，涵盖设计、材料、施工、拆除等环节，旨在实现资源减量化、污染最小化与安全高效化。通过刚性约束与技术创新的结合，确保展台从设计到拆除的全链条环保可控。其与总体策划方案的碳目标直接挂钩，为参展商手册提供可复用的操作模板，并为成效评估报告中的资源循环率、减排量等指标提供数据来源，形成“标准制定—行为约束—成果验证”的闭环管理，系统性解决传统展览中“搭建即废弃”的行业顽疾。

三、参展商绿色行为指导手册

通过构建全链条环保行动框架，明确展商在展前、展中、展后各环节的环保义务。明确参展商在展览全生命周期中的责任与行动准则，建立可量化、可追溯的绿色行为规范。手册应以“源头减量—过程管控—循环再生”为逻辑主线，提供覆盖展品研发、展位设计、物料运输、现场运营及撤展回收五大维度的操作指南，助力参展商实现低碳转型与环保价值输出。

四、绿色展览成效评估报告

基于量化指标验证绿色实践成果，通过建立科学合理的评估体系，全面衡量绿色展览在环境保护、资源利用和能耗降低等方面的成效。具体包括：对展览全过程的资源消耗、废弃物产生、能源使用等进行详细统计与分析；对比传统展览模式，量化展示绿色展览在减少碳排放、提高资源利用率、降低能耗等方面的显著优势；收集参展商、观众等利益相关方的反馈意见，评估绿色展览措施的实施效果与社会影响力，为后续绿色展览的持续优化提供数据支持与决策依据，确保绿色展览的可持续发展与不断进步。

五、绿色会展品牌传播方案

在顶层设计基础上，制定全面且精准的绿色会展品牌传播方案，提升绿色会展影响力、吸引更多参与者及合作伙伴。方案需明确品牌传播的核心理念，即围绕绿色、环保、可持续发展等关键词，塑造绿色会展的独特品牌形象。

六、其他相关文案

现场运营管理手册。明确现场运营期间的各项环保管理措施，包括能源使用管理、废弃物分类与回收管理、人员流动与交通管理等，确保现场运营的各个环节都符合绿色展览的要求，保障展览的顺利进行并实现环保目标。

参观者指南。从参观者的角度出发，介绍绿色展览的特色与亮点，强调展览的绿色理念和环保措施。提供参观路线建议，引导参观者关注绿色展品和技术。同时，告知参观者在展览现场如何参与环保行动，如垃圾分类投放、节约用水用电等，增强参观者的环保意识和参与感，促进绿色展览理念的传播。

活动策划方案。针对展览期间举办的各类活动，如开幕式、研讨会、产品发布会等，制定专门的绿色活动策划方案。在策划中融入绿色元素，选择环保的活动场地布置材料，优先采用线上报名和签到方式，以减少纸张浪费，合理安排活动时间和流程以降低能源消耗，确保活动的举办符合绿色展览的整体要求，提升活动的绿色影响力。

危机公关预案。考虑到展览过程中可能出现的各类突发危机事件，如环保设施故障、环境污染事故、负面舆论等，制定详细的危机公关预案。明确危机事件的应对流程和责任分工，包括事件报告、应急处理措施、媒体沟通策略、公众安抚与引导等方面，确保在危机发生时能够迅速、有效地进行处理，最大限度地降低对绿色展览品牌形象的负面影响，维护展览的声誉和可持续发展。

【任务小结】

确定主（承）办机构：依据需求与目标、市场调研、资质合法性以及绿色能力等因素，精准选择具备绿色运营能力、丰富行业经验和广泛合作资源的主（承）办机构，为主办单位提供战略规划、资源整合、法律与财务管理等服务，同时负责展会的具体执行和运营管理。

选择配套服务商：根据服务商的环保资质、绿色设计与模块化技术、废弃物处理与循环利用、服务范围与专业能力等标准，筛选出绿色展览设计与策划、搭建与施工、物流与仓储、场馆运营以及第三方认证与评估等各环节的优质配套服务商，保障展览全过程的环保性。

落实场地和设备设施：从交通便利性、场馆绿色建筑认证、环境资源与生态兼容性、环保政策合规性以及综合成本与长期效益等角度，选择合适的绿色展览场地；同时，制定设备设施的选型标准，选定照明系统、暖通空调、特殊设备等，并加强供应链管理和设备验收与调试，确保设备设施的环保性和能效水平。

准备文案：制定绿色展览总体策划方案、绿色展台搭建与施工技术规范、参展商绿色行为指导手册、绿色展览成效评估报告以及绿色会展品牌传播方案等文案的编写，为展览的筹备、布展、展出、撤展和总结等环节提供详细的指导和规范。

【案例】

2024年西安国际绿色农业科技展

随着全球对农业可持续发展的关注度不断提高，西安作为中国历史文化名城，也积极投身于绿色农业的探索与实践中。2024年，西安国际绿色农业科技展应运而生，旨在展示绿色农业科技领域的最新成果，促进农业行业的绿色发展。

准备与组织过程：

(1) 确定主（承）办机构：主办单位为西安市农业农村局，具备丰富的行业资源和强大的政府支持，能够从战略层面规划展会，并整合各方力量推动绿色农业理念的传播。承办单位为一家专业的会展公司，拥有丰富的展会策划与执行经验，能够确保展会的具体实施环节顺利进行。

(2) 选择配套服务商：在搭建与施工方面，选择了具备绿色施工资质和丰富经验的企业，其在施工过程中采用环保材料，有效减少了对环境的影响。物流与仓储服务商则提供了低碳运输方案，优化了物流路线，降低了碳排放。

(3) 落实场地和设备设施：选在交通便利、周边配套完善的西安国际会展中心，该中心拥有先进的绿色建筑设施，如智能照明系统、雨水收集系统等。西安国际会展中心位于市中心，周边有10余条公交线路和2条地铁线路经过，方便参展人员前往。智能照明系统可节约40%的电力消耗，雨水收集系统可收集60%的雨水用于场馆绿化和清洁。

(4) 准备文案：制定了全面的绿色展览总体策划方案，明确了环保目标和实施步骤。同时，编写了详细的绿色展台搭建与施工技术规范、参展商绿色行为指导手册等，为展会的顺利进行提供了有力保障。

展会吸引了200余家国内外绿色农业科技企业参展，展览面积达到20 000平方米，实现展览收入1 000余万元。展会期间，共达成合作意向50余个，预计合作金额达5亿元。展会期间，举办了10余场绿色农业技术讲座和论坛，吸引了5 000余名专业观众参加，提高了公众对绿色农业的认知度。同时，展会的举办促进了绿色农业技术的推广和应用，推动了农业行业的绿色发展。通过采用绿色展览的组织方式，展会实现了80%的废弃物回收利用，减少了60%的能源消耗，降低了40%的碳排放，取得了显著的环保效益。

【任务测试】

1. 主（承）办机构选择时需重点评估哪些资质与能力？
2. 绿色搭建服务商应具备哪些技术专长与认证？

3. 选择绿色展览场地时，交通便利性评估包含哪些具体内容？

4. 《参展商绿色行为指导手册》的核心逻辑主线是什么？

5. 如何通过设备选型降低展览全生命周期的碳排放？

【任务拓展】

循环经济理论在绿色展览准备中的应用

循环经济理论强调通过减量化（Reduce）、再利用（Reuse）、再循环（Recycle）的“3R”原则，构建资源闭环流动的经济模式，打破传统线性经济“开采—生产—废弃”的高耗能、高污染弊端。该理论认为，通过设计系统性资源循环体系，能够实现经济与环境的双赢。

在绿色展览的准备与组织中，循环经济理论的应用意味着需从全生命周期视角优化资源利用。

布展阶段：要求主（承）办机构优先选择模块化展台设计服务商，确保展台构件可拆卸、可重复使用，减少材料浪费。同时，通过区块链技术监控物流路径，合并运输批次，降低运输碳排放。

设备设施选择：优先采购采用再生材料（如再生铝、竹纤维复合材料）的设备，并建立设备共享池，实现跨展会复用。对于高耗能设备（如空调、照明），引入智能化管理系统，按需调节能源使用。

撤展阶段：制定严格的废弃物分级回收标准，与专业回收企业合作，确保92%以上的搭建材料进入循环系统。不可回收物通过碳交易平台购买林业碳汇实现生态补偿，形成“零废弃”闭环。

循环经济理论还强调利益相关方的协同合作。在配套服务商选择中，需构建“绿色供应链联盟”，要求服务商提供全生命周期碳排放报告，并通过共享数据平台实现资源调配透明化。例如，绿色物流服务商需承诺使用新能源车辆，并采用可降解包装；场馆运营方需接入智能电网，实时优化能耗。

通过循环经济理论的实践，绿色展览不仅能实现碳中和目标，还能推动行业形成“资源高效—成本节约—品牌增值”的良性循环，为全球会展业提供可持续发展的中国方案。

【实训】

实训任务一：绿色展览场地考察与评估

选择一个本地的展览场馆，对其进行实地考察和评估，判断其是否适合举办绿色展览。从交通便利性、场馆绿色建筑认证、环境资源与生态兼容性、环保政策合规性以及综合成本与长期效益等方面进行详细评估，并撰写一份评估报告。

成果要求：提交一份包含实地考察照片和详细评估分析的报告，对场馆的各个方面进行客观评价，提出是否适合举办绿色展览的结论和建议。

实训任务二：绿色展台搭建方案设计

选择某一企业，根据展览主题和参展商需求，设计一个绿色展台的搭建方案。涵盖设计、材料、施工、拆除等环节，确保展台的资源减量化、污染最小化与安全高效化。同时，考虑展台的展示效果和功能性，满足参展商的展示需求。

成果要求：提交一份完整的绿色展台搭建方案，包括材料清单、施工计划、拆除计划以及环保措施说明等，详细阐述展台的设计理念和实施步骤，展示展台的绿色特点和优势。

实训任务三：绿色展览文案编写

选择绿色展览总体策划方案、绿色展台搭建与施工技术规范、参展商绿色行为指导手册、绿色展览成效评估报告和绿色会展品牌传播方案中的一个文案，自选任一展览信息和数据，编写一份完整的文案。文案应内容翔实、逻辑清晰、语言准确，符合绿色展览的要求和规范。

成果要求：提交一份格式规范、内容完整的文案，准确传达绿色展览的相关信息和要求，为展览的筹备和实施提供有力指导。

项目五　绿色展览的招商与招展

【学习目标】

1. 了解招商与招展工作在绿色展览运营中的重要作用。
2. 掌握绿色展览运营中的招商与招展的基础工作。
3. 学习如何制定有效的绿色展览招展方案。
4. 学习如何制作招商函。

【案例导入】

关于组织参加第19届中国—东盟博览会绿色建材展的通知

全国各建材、家居、装饰装修材料有关生产企业和经销商、协会各会员单位：

中国—东盟博览会（以下简称东博会）是中国和东盟10国政府经贸主管部门及东盟秘书处共同主办、广西壮族自治区人民政府承办的国际经贸盛会，迄今已成功举办18届，以展览为中心，同时开展多领域多层次的交流活动，以促进中国—东盟自由贸易区建设，共享合作与发展机遇为宗旨，围绕《中国与东盟全面经济合作框架协议》，以双向互利为原则，以自由贸易区内的经贸合作为重点，面向全球开放。

2022年1月1日，《区域全面经济伙伴关系协定》(RCEP) 生效实施，标志着全球人口最多、经贸规模最大、最具发展潜力的自由贸易区正式落地。东博会的举办推动并见证了中国—东盟战略伙伴关系内涵的不断丰富、经贸合作水平的迅速提升、人文民间交往的日益密切，为服务"一带一路"建设发挥了重要作用。

中国建筑材料流通协会是东博会绿色建材展承办单位。绿色建材展作为东博会的重要部分，将于2022年9月16—19日在广西南宁国际会展中心盛大召开。中央主要领导将出席开幕式。绿色建材展区展示范围包括门窗展区、定制家居展区、厨卫电器展区、建材新产品展区（墙面、地材、吊顶、灯饰照明）、智能家居及智能建筑展区，为建筑装饰家居行业提供全产业链展示平台。由于建材展区面积有限，望各有关单位能够把握机会，积极参与到国际大循环中。

有意向的会员单位请填写《意向参展企业登记表》(见附件1)，并联系协会专项对接人或东博会绿色建材展招商组委会。

中国建筑材料流通协会专项联系人：

张会：188××××4342

中国—东盟博览会绿色建材展招商组委会：

周鸿：134××××5314

附件：1. 意向参展企业登记表

2. 第十九届中国—东盟博览会绿色建材展概况

中国建筑材料流通协会

2022 年 2 月 10 日

（资料来源：https://mp.weixin.qq.com/s？__biz=MzIwNTM4Njk4Nw==&mid=2247497819&idx=1&sn=799080875c4e9cc59f05b22a50a9689d&chksm=97331ddfa04494c94fbb194ee07c5be104a2d59e1fce9b08dfbd148642b97b17f04f53a6e461&scene=27）

【思考】

这是一份组织机构发出的招展函，有效地展示了绿色建材展的内容与特色，以及与中国建筑材料流通协会的联动。同时，通过介绍绿色建材展会的展示范围，增强了展会的专业性和权威性。

【任务认领】

假设你所在的展会企业要承办一场以“引领绿色未来”为主题的大型绿色展览，此展览致力于推动可持续商业实践和环保创新。你的任务是制定一套全面的招商与招展方案，并制作一份招展函。

任务一　开展招展的基础工作

一、招展的内涵

所谓招展，就是指通过各种方式将那些与拟办展览主题相符的产品（或服务）的制造商、供应商、成果拥有者、服务提供者吸引进展览，让其在展览上展示和推销自己的产品、服务和技术成果的活动。在展览会的组织工作中，招展是关键的一环。展览一旦立项，就进入招展阶段。因展览会的规模不一，招展阶段需要经历一年或一年多的时间。

二、招展工作的具体内容

1. 划分展区和展位

根据展会的主题和目标，合理划分不同的展区，如按专业题材划分等。同时，根据参展商的需求和展品特点，设计不同类型的展位，如标准展位和特装展位。

2. 确定招展价格

制定展位的租赁价格，需考虑展会的价格目标、市场竞争、价格弹性、展会生命周期、行业现状以及展位位置等因素。

3. 编制发放招展函

招展函是展会主（承）办方用来招揽参展商参展的印刷品，包含展会名称、举办时间地点、主（承）办单位、办展目标和主题、参展企业范围、展位价格、参展手续办理流程等重要信息。

4. 安排招展分工

对招展工作进行分工安排，包括主（承）办单位的招展工作安排、各招展单位对招展人员的分工安排以及招展区域的安排。

5. 选择招展代理

招展代理是办展机构指定销售代理商协助推介展览产品的方式，可增加办展机构的业务网络，扩大业务辐射范围，提高办展规模和影响力。招展代理形式主要有独家代理、一般代理和承包代理等。

6. 招展宣传推广

通过多种渠道和方式进行宣传推广，如广告投放、社交媒体推广、行业媒体合作、参加相关行业活动等，提高展会的知名度。

三、招展工作在展览运营管理中的重要地位

1. 招展工作的战略价值

提升展会影响力：通过吸引众多优质的参展商，展示行业内的最新产品、技术和理念，能够提高展会的专业性和权威性，增强其在行业内的影响力。

促进信息交流与交易：为参展商和观众提供了一个直接交流的平台，促进双方的信息交换和业务合作，提高交易成功率，推动行业的发展和进步。

推动行业发展：展会会聚了行业内的各种资源和人才，能够促进企业之间的合作与竞争，激发创新活力，推动整个行业的技术进步和产业升级。

实现多方共赢：当参展商通过展会达成品牌宣传与业务转化，观众获得有价值的信息和体验，主（承）办单位实现经济效益和社会效益的双丰收时，方能形成一个良性循

环，促进展会的持续发展。

2．参展商：展览生存发展的底层逻辑

参展商是展览的核心。他们可能是个人、公司或集团，也可能是地方政府，拥有在展览上销售或促销的产品、服务或概念，他们是展览生存发展的前提。如果没有足够的参展商租用展位和设置展台，展览就举办不起来，参展商的参与规模与质量决定了一个展览的成败。参展商在展览运营管理中的地位和作用体现在以下几个方面：

（1）参展商在展览价值链中处于核心地位。在商业性展览中，主办者的收入主要来自参展商。展览运营管理需要足够多的参展商参加。

（2）参展商连续参展是展览组织者的利益所在。对于一个定期举办的商业性展览，参展商的连续参展十分重要，它是保证主办单位最大利益的理想方式。

（3）参展商参展收益是展览效益的综合体现。展览的效益是综合性的，它包括经济效益和社会效益两大方面。参展商的参展收益是展览效益的重要组成部分。参展收益高，展览主办者的效益才会有保障；参展收益低，即使其他方面获取较好效益，展览综合效益也是畸形的，主办者若无法长期维持与参展商的关系，展览也难以生存。

四、招展基础工作

（一）建立目标参展商的数据库

要想使招展工作顺利进行，首要的一步是要广泛收集目标参展商的信息，建立一个完整又实用的目标参展商数据库，这是招展的基础性工作。不仅如此，一个好的目标参展商数据库也是进行展览规模预测的基础。

目标参展商是办展机构认为可能会来参加展览的企业和单位，这些企业和单位不仅包括展览题材所在行业的企业，还应该包括一些与题材所在行业有关联行业的企业。由于展览招展工作是以掌握这些目标参展企业的基本数量、特征和分布状况为前提的，一个完整实用的目标参展商数据库必须能广泛而全面地收集到目标参展商的有关信息。一般来说，可以通过以下渠道来收集信息：

①现有参展商数据。一个展览的现有参展商如果对本次展览的规模、服务和效果满意，就很有可能继续参加下次的展览，因此，现有参展商应是目标参展商数据库的主要组成部分。

②行业企业名录。很多行业都有一些资料齐全的行业企业名录或者企业大全，收集了这些行业大量企业的基本资料，如企业名称、地址、联系电话等，有些企业名录还每年更新。办展机构可以从这里找到大量的目标参展商信息。

③商会和行业协会。各行业的商会或协会一般与本行业内的企业联系密切，掌握了

大量的企业信息，有一定的会员单位。

④政府主管部门。政府主管部门对自己主管的行业的企业一般比较了解，与企业也有一定的联系。

⑤专业报纸杂志和网站。各行业的专业报纸杂志和网站掌握着本行业的最新动态和信息，与行业内企业的往来密切，掌握了一定数量的企业信息。收集广告也可以掌握一定数量的企业信息。

⑥同类展览。同类展览对于办展机构来说是目标参展商集聚的场所，主办方可以在同类展览上接触到其大部分目标参展商，因而可以到各展位直接收集每一个参展商的信息，也可以通过购买展览会刊或参展商名录来收集。

⑦外国驻华机构。展览是企业进行商品营销的一个重要渠道，各国驻华机构每年都会向本国企业推荐一批著名的展览供他们作参展选择。

⑧向专业咨询公司购买数据。

⑨电话黄页。它类似于行业企业名录，特别适用于收集某一特定地区范围内的企业信息。

目标参展商数据库的信息内容。完整的目标参展商数据库中应包括所有对展览招展有重要参考价值的信息，包括企业名称、地址、联系电话、传真、电子邮件和网址、联系人等基本信息，以及关于企业生产的各类产品、目标市场、企业规模等信息。作为展览主办机构还应该对参展商信息加以分析和把握，如分析行业企业的结构状况、地区分布状况、市场特点等，据此来指导招展工作。

（二）展区和展位划分

在进行招展之前，需要事先划分好展区和展位。展区主要依据展品类别来划分，一个专业题材的展区可能只占用某一个场馆的一部分，也可能占满一个甚至几个场馆。当展区确定后，需要根据场馆的场地特征等具体情况来划分展位。展区和展位的划分必须讲究科学性和整体性，毕竟展区的划分与潜在参展商的结构紧密相关，展位的划分则直接影响将来的招展工作。

1. 展区的划分遵循以下原则

（1）按专业题材划分：将同类展品安排在同一区域，使展会条理清楚，方便专业客户参观。

（2）按地区划分：突出某个国家或地区的参展商品，适合综合性或国际参展商较多的展会。

（3）按展品相关性划分：将相关联的展品类别划分在相邻展区，便于观众参观。

（4）主题一致性：展区划分应根据展览的主题或核心内容进行，确保展品和展示内容具有相关性和一致性。

（5）展览流线性：考虑观众的参观流线，使观众可以按照一定顺序依次参观各个展区，避免迷路或错过重要展品。

（6）观众便利性：合理设置休息区、服务设施等，提供良好的观展环境和体验。

（7）专业性：对于专业性强的展览，同类展品安排在同一区域，方便观众比较和选择。

（8）合理利用空间：合理利用空间资源，避免浪费，根据场地条件和参展商需求设置展位大小和位置。

（9）方便管理：设置明显的标识和指示牌，便于引导观众和工作人员，确保展览的安全和秩序。

（10）与参展商协商：与参展商协商展位安排，满足双方需求和利益。

2．展位的划分遵循以下原则

（1）合理分配标准展位和特装展位：兼顾两种展位的分配，满足大多数参展商的需求。

（2）展位形状和面积：考虑参展商对展位形状（如岛形、通道形、道边形）和面积的需求。

（3）展位编号：统一编号，编号方式一致，便于管理和寻找。

在划分好展区和展位后，还要按照一定比例将其绘制成展位平面图（图 5-1），并在图上标明各展区的名称、所有展位的代号以及场馆的停车场、出入口、洗手间、楼梯和

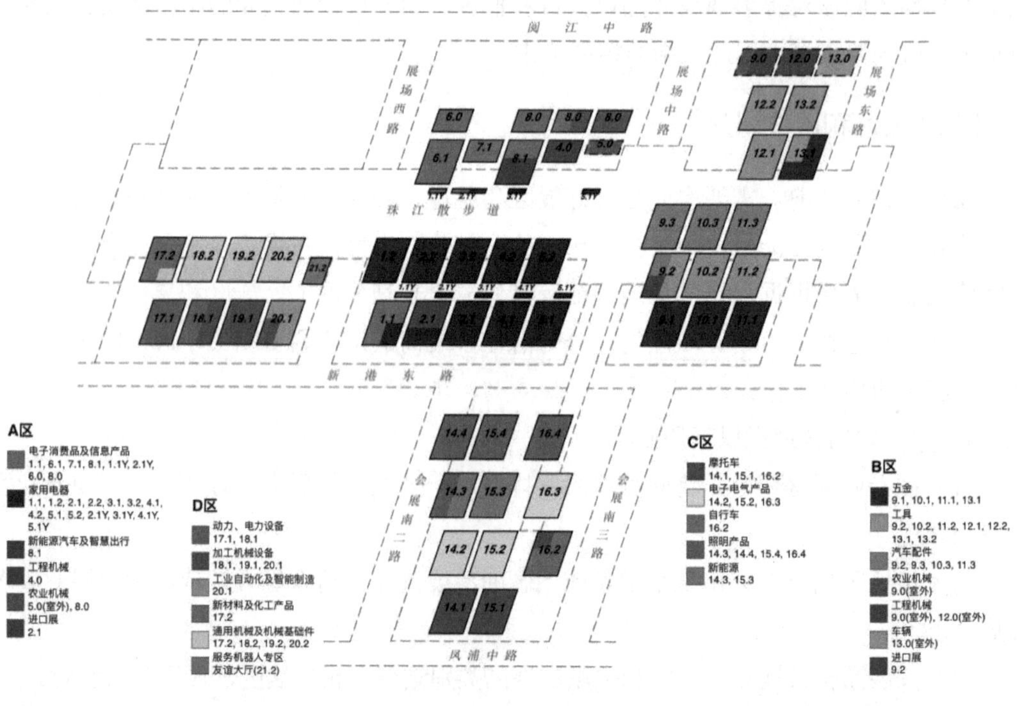

图 5-1　展区布局图示例

现场服务设施等，以便参展商在选择展位时能更快、更好地作出决定。一般来说，在招展时展出同类展品的参展商被安排在同一个展区，对于该展区内仍可获得的展位，参展商可以根据自己的需要进行选择。

（三）确定参展商的选择标准

在绿色展览运营中，选择参展商的标准需围绕环保、可持续发展和资源节约的核心目标制定。以下是系统的筛选标准框架，旨在确保参展商与展览的绿色理念高度契合。

（1）环保产品与服务的核心要求：参展商的产品或服务需直接支持环保目标，例如，使用可再生材料、可降解材料或低碳技术；提供清洁能源（如太阳能、风能）、节能设备或循环经济解决方案；涉及生态修复、污染治理或碳捕捉技术。

（2）环保生产流程与权威认证：企业需证明其生产环节符合环保标准。例如，采用节能减排技术、清洁生产工艺；废弃物处理符合法规，资源利用率高。

优先选择持有国际或国家级环保认证的企业，如 ISO 14001（环境管理体系）、中国环境标志（十环认证）、欧盟生态标签（Eco-label）、美国能源之星等；行业特定认证，如 FSC 森林认证、Cradle to Cradle（摇篮到摇篮）产品认证。

（3）可持续发展战略的长期承诺：企业需展示清晰的可持续发展规划，例如，碳中和/零碳目标及实施路径；可再生能源使用比例、废弃物减量计划；社会责任报告披露（如 ESG 报告）。

（4）绿色供应链管理：要求参展商的上游供应商符合环保标准，并提供供应链环保审核报告、原材料可追溯性证明（如无冲突矿产、可持续采购）。

（5）绿色展位设计与搭建：使用可回收材料（如模块化展具、租赁道具）；避免一次性装饰，采用数字化展示（如 VR/AR 减少实物消耗）；采用节能设备（LED 照明、低能耗屏幕）；展位搭建后材料回收率须达 90%以上。

（6）社会责任与公众教育：企业需有环保公益项目（如植树、海滩清理）；展位需设置互动环节（如碳足迹计算器、垃圾分类游戏），向观众传递环保知识。

（7）创新与技术价值：优先选择具备以下特性的企业：拥有专利环保技术、拥有推动行业绿色转型的创新方案（如生物基替代材料、智能节能系统）。

（8）环保信誉与历史表现：有合规记录，无环境违规或行政处罚记录；在环保组织评级中表现良好（如 CDP 气候变化评分、绿色和平企业排名）。

（9）合作意愿与资源投入：参展商需签署协议和绿色承诺书；配合展览方的环保要求（如垃圾分类、碳抵消）；承担部分绿色措施费用（如使用付费的可再生能源电力）。

通过以上标准，绿色展览可筛选出真正践行可持续发展的参展商，避免“漂绿”行为，同时提升展览的教育意义和行业影响力。

（四）招展价格的确定

确定合适的招展价格是招展管理的一项重要任务。招展价格对参展商的参展决策有重要影响。如果价格高，可能会吓退参展商；但价格过低，展览的收入减少，展览就可能出现亏损。在绿色展览中，招展价格的制定需兼顾成本覆盖、环保激励、市场竞争力和价值体现，既要确保展览的可持续运营，又要吸引符合环保理念的优质参展商。以下是系统化的价格制定策略和原则：

1．定价核心原则：成本导向、价值导向、激励导向

成本导向：覆盖展览基础成本，包括绿色场地租赁（含环保设施费用，如垃圾分类处理、节能照明系统）；绿色搭建服务（可回收展具、低碳施工）；宣传与认证（环保主题推广、第三方绿色认证费用）；人力与运营（环保培训、现场碳排放监测团队）。

价值导向：体现绿色展览的独特价值，绿色标签可提升企业形象，吸引高质量观众；提供行业交流、政策对接等增值服务。

激励导向：通过价格杠杆鼓励环保行为，为高环保标准企业提供折扣；对未达标企业收取附加费用（如碳抵消费用）。

2．差异化定价策略：基础价格分层、企业类型差异化、动态定价机制

基础价格分层：一是按位置（主通道、角落）、面积、展示形式（标准展位、特装展位）定价；二是绿色等级附加。A 级（最优）：符合全部绿色标准（如 100%可回收搭建、碳中和承诺），价格下浮 10%～15%（体现品牌价值）；B 级（达标）：满足基础环保要求，按标准价格收费；C 级（需改进）：未完全达标但承诺整改，收取环保保证金，展后验收合格退还。

企业类型差异化：大型企业/行业龙头：按市场价定价，可提供定制化绿色服务包（如碳中和报告发布）；中小型企业/初创公司：提供阶梯折扣（如环保认证企业减 10%，联合展位共享优惠）；国际企业：参考国际绿色展会定价，兼容多国环保认证体系。

动态定价机制：早鸟优惠：提前 6 个月报名享 8 折，鼓励尽早规划绿色搭建；团体折扣：同一产业链企业（如上下游绿色供应链）联合参展享额外 5%优惠；尾款绑定环保承诺：尾款支付前需提交展位搭建方案环保审核报告。

3．绿色成本管理：分摊与透明化、碳积分抵扣

分摊与透明化：公示展位费中用于环保措施的比例（如“10%用于全场碳抵消”），增强参展商信任；单独列支可选绿色服务费（如废弃物回收处理、绿电采购）。

碳积分抵扣：参展商可凭自身碳减排量兑换部分展位费用；联合第三方平台（如碳交易所）提供核算支持。

4. 优惠政策设计：认证奖励、资源循环激励

例如，对持有 ISO 14001、LEED 等认证的企业减免 5%～10%的费用；提供“绿色创新奖”展位补贴（评选技术领先的环保方案）。使用展览方提供的租赁展具享 8 折优惠；展后提交材料回收证明可返还部分押金。参展商承诺捐赠收益的 1%至环保公益项目，可享价格优惠。

5. 价格沟通与执行：透明化沟通、灵活支付方式

发布《绿色参展成本白皮书》，解释定价逻辑和环保投入；提供在线计算工具，参展商可预估费用（如根据展位面积、材料类型生成报价）。支持“绿色分期付款”，部分款项与环保绩效挂钩（如开展后验收合格再付尾款）；接受资源置换（如以节能设备抵扣部分费用）。

6. 风险控制与调整：市场调研、反馈机制

对比同类绿色展会价格，确保竞争力；预留 5%～10%的价格弹性空间应对成本波动（如绿电价格上涨）。展后收集参展商对价格的满意度，优化下一届定价策略；对因价格流失的潜在客户提供定向解决方案（如分期、资源置换）。

通过以上策略，绿色展览的招展价格既能保障运营，又能通过经济手段引导参展商践行环保理念，实现商业价值与社会价值的平衡。

【延伸阅读】

某国际绿色科技展定价模型

标准展位（9 平方米）：基础价￥20 000；

使用租赁展具：减￥2 000；

提交碳中和计划：减￥1 500；

早鸟报名：再减 10%。

特装展位（36 平方米）：基础价￥80 000；

100%可回收搭建：加￥5 000（获“零废展位”标识）；

联合 3 家企业参展：总价减 15%。

（五）招展分工

展览招展分工包括 3 个方面内容：

1. 各招展单位之间的分工安排

有几个单位共同负责招展时，必须明确各招展单位之间的分工，如必须共同遵守的招展原则，各招展单位的计划招展面积、招展地区和重点目标参展商，展位费的收取办

法，以及如何具体安排各参展商的展位等。

2. 本单位招展人员及其分工安排

招展人员及其工作安排包括确定招展人员名单、明确各招展人员负责招展的地区范围和重点目标名单、制定各招展人员的信息沟通和工作协调方法、制定统一安排展位的措施。

3. 对招展代理机构权利、义务和利益的规定要明确

（1）招展代理机构的权利有以下内容。制订招展计划：有权根据展览组织机构的要求制订招展计划，并在获得批准后执行。获取相关资料：有权要求展览组织机构提供合法文件和真实资料，以便开展招展工作。获取报酬：完成招展任务后，有权按照合同约定获取代理费用。价格执行权：有权按照展览组织机构制定的价格体系进行招展，但不得擅自更改价格。独立开展业务：在展览组织机构授权范围内，可以独立开展招展活动。

（2）招展代理机构的义务有以下内容。完成招展任务：按照合同约定完成招展任务，包括招集参展商并签订参展合同。遵守相关规定：严格遵守展览组织机构制定的各项规定，如价格控制、展位分配等。提交工作报告：定期向展览组织机构提交招展情况的书面报告，并提供市场分析和建议。维护展览形象：维护展览组织机构的形象，不得从事有损展览形象的行为。协助管理参展商：协助展览组织机构对参展商进行统一管理，确保参展商遵守展览规定。

（3）招展代理机构的利益有以下内容。代理费用：通过完成招展任务获得代理费用，通常按展位租赁费用的一定比例计算。展位买断收益：在承包代理模式下，可以买断一定数量的展位，并通过招展获得收益。激励机制：展览组织机构可能通过累进折扣制等方式激励招展代理机构完成更多招展任务。市场拓展：通过招展代理，机构可以扩大招展网络，提升市场影响力。

招展代理机构的权利、义务和利益是相互关联的，其核心在于通过高效完成招展任务，实现展览组织机构和代理机构的双赢。

（六）招展函的编制与发送

招展函的编制与发送主要是指介绍招展函的内容、编制办法及其发送范围和方法。在确定招展函的编制计划时，一定要考虑招展函的印制数量、发送范围和如何发送等问题。招展函是展览组织用来向潜在客户说明展览以招揽参展商的小册子，是开展招展工作的核心资料。招展函也是参展商了解展览的第一份资料，因此，展览组织机构必须用心编制好，用以激发参展商的参展欲望。一份完整的招展函应该包括以下几个方面的内容：①展览情况介绍。包括展览名称、标志；展览的举办时间与地点；展览的主办机构名单；展览的目标与特色；展览展品的种类及范围；展览展位价格及参展费用。②市场状况描述。主要包括对行业状况和地区状况的描述。③展览宣传推广计划。主要包括招商计划、宣传推广计划以及相关活动计划、现场服务项目。④参展办法。主要包括如何办理参展手续、付款方式、参展申请表和办展机构的联系方式。⑤相关图片。这些图片既可以是展览场地图片和往届展览现场的图片，也可以是领导者或知名企业的图片、展览场地周边交通图等。

【延伸阅读】

第 137 届广交会进口展招展函——欢迎参加第 137 届广交会进口展

中国进出口商品交易会，又称广交会，创办于 1957 年，每年春、秋两季在广州举办，是中国目前历史最长、规模最大、商品种类最全、到会采购商最多且分布国别地区最广、成交效果最好、信誉最佳的综合性国际贸易盛会。第 136 届广交会以“服务高质量发展、推进高水平开放”为主题，于 2024 年 10 月 15 日至 11 月 4 日在广州举办，展览面积为 155 万平方米，超 3 万家企业线下参展，共有来自 214 个国家和地区的 25.3 万名境外采购商赴会采购。境内外采购商对广交会给予高度评价，认为广交会是实现一站式采购的最佳平台。

为扩大进口、促进贸易平衡，自第 101 届起，广交会设立进口展，帮助国际企业拓展商机。经过 36 届的发展，已累计吸引超 110 个国家地区的 18 000 多家次境外企业参展，包括众多国家和地区展团及全球优质知名企业。

第 137 届广交会进口展现已开放参展申请，诚邀优质国际企业参展，共享环球商机。具体招展事宜通告如下：

一、展出时间

第 137 届广交会计划于 2025 年 4 月 15 日开幕。

第一期：2025 年 4 月 15—19 日；

第二期：2025 年 4 月 23—27 日；

第三期：2025 年 5 月 1—5 日；

撤换展期：2025 年 4 月 20—22 日、4 月 28—30 日；

线上平台服务时间：2025 年 3 月 16 日—2025 年 9 月 15 日。

二、展出地点

中国进出口商品交易会展馆（中国广州市海珠区阅江中路 382 号）。

三、参展展品

第一期：电子消费品及信息产品、家用电器、汽车配件、照明产品、电子电气产品、五金、工具。

第二期：日用陶瓷、家居用品、餐厨用具、家居装饰品、节日用品、礼品及赠品、玻璃工艺品、工艺陶瓷、钟表眼镜、园林用品、编织及藤铁工艺品、建筑及装饰材料、卫浴设备、家具。

第三期：家用纺织品、地毯及挂毯、男女装、内衣、运动服及休闲服、裘革皮羽绒及制品、服装饰物及配件、纺织原料面料、鞋、箱包、食品、体育及旅游休闲用品、医药保健品及医疗器械、宠物用品、浴室用品、个人护理用品、办公文具、玩具、童装、孕婴童用品。

参展展品范围详见官网：https://cief.cantonfair.org.cn/html/cantonfair/cn/exhibitor/2012-09/24864.shtml。

四、展位价格及配套

广交会进口展线下展展位类型分为光地和标摊两类，展位价格及配套如下：

（一）光地展位

第一期：26 000 元人民币/9 平方米；

第二期：23 000 元人民币/9 平方米；

第三期：23 000 元人民币/9 平方米；

最少预定面积 36 平方米。光地展位由参展企业在符合大会规定的前提下自行设计，并委托广交会特装施工服务商进行搭建，大会将提供经认证的展位搭建商名单。

（二）标摊展位

第一期：30 000 元人民币/（个·9 平方米）；

第二期：27 000 元人民币/（个·9 平方米）；

第三期：27 000 元人民币/（个·9 平方米）。

标摊展位由大会统一搭建，并提供配套展具，基本配置包括围板、正面发光灯箱、灯箱楣板、地毯、射灯、插座、隔板、报到台、地柜、洽谈桌、折叠椅。

除线下展位外，每家参展企业均配置 1 个线上展示中心，含进口展基础版线上服务套餐。

五、配套商机

每届广交会举办各类配套贸易活动，帮助企业精准对接客户，开拓市场，把握行业动态，提升品牌知名度。欢迎进口展参展企业积极报名参与。

（一）国际贸易促进活动

开展期间，广交会举办形式多样的国际贸易促进活动，包括供采对接会、政策解读会、展团开馆仪式等，助力参展企业提升合作洽谈效率，扩大品牌宣传，捕捉最新市场动态与政策导向。

（二）“贸易之桥”供采对接系列活动

为助力企业拓市场、拿订单，广交会突破展会现场看样、对接成交的传统模式，配合线上平台运营，全年高质量常态化举办“贸易之桥”供采对接系列活动，为展客商提供“屏对屏”“面对面”“面对屏”“屏对屏与面对面相结合”等四种形式对接服务，为供采双方搭建全天候高效对接平台。

（三）广交会设计创新奖

广交会每年评选一次设计创新奖，以“树立品质标杆，引导设计创新”为宗旨，甄选兼具设计和商业价值的前沿精品，通过广交会平台充分展现创新价值、提升品牌传播，助力贸易高质量发展。获奖企业可获得在广交会设计廊进行实物展示、广交会官网线上展示、官方境内外渠道宣传等权益。

（四）新品首发首展首秀活动

广交会新品首发首展首秀活动集聚行业龙头，集中发布新产品、新技术、新服务，汇聚前沿领先技术，展示最新成果。每届新品发布企业可获得境内外社交媒体预热、官方平台推介等权益。

（五）会议论坛活动

开幕期间，广交会将围绕企业、行业需求举办系列会议论坛活动，提供系列高品质资讯，助力企业把握市场热点、了解行业动态，充分挖掘潜在商机，达成高效高质合作。

（六）媒体宣传报道

展会期间，权威境内外媒体驻会报道，助力企业宣传，扩大知名度，凸显广交会的引领力、传播力和影响力。

六、参展申请

（一）申请条件

1. 参展商须为根据适用法律在中国大陆以外的国家或地区合法注册公司，且须提供公司注册证书复印件（须加盖公司印章）或其他有效证明文件。

2. 在参展商报名时提交有关材料并经展会方书面确认的情况下，参展商的总公司/子公司/合资伙伴/代表处等与参展商有实质性法律关系的企业可共同参展，且须提供有关证明文件和授权材料。

3. 参展展品须属于《广交会进口展参展展品》范围。

（二）申请方式

企业可以直接向中国对外贸易中心报名参展，也可以通过与中国对外贸易中心签约合作的招展机构（详见广交会进口展官网）报名参展。

中国对外贸易中心：

电话：境外（+8620）28-888-999；境内 4000-888-999

传真：0086—20-89138550

邮箱：import@cantonfair.org.cn

官网：https://cief.cantonfair.org.cn/cn/international/

（三）参展流程

1. 提交相关资质材料。包括：

公司注册证书复印件（营业执照）;

企业及产品简介;

原产地证明、境外品牌注册证书、境外品牌方关联关系证明、参展授权书等材料。

2. 提交参展申请材料。参展企业填写参展申请表、参展条款、线上参展责任书等参展申请材料并加盖公章（填写前请先与大会确认参展资格）。

3. 缴纳参展费用。大会发出付款通知书后，参展企业需按时缴纳足额参展费用。企业缴足全额服务费视为最终获得参展资格，已缴费用原则上不予退款。

4. 易捷通注册。首次参展的新企业需注册易捷通账户。https://intl.cantonfair.org.cn/#/importLogin。

5. 筹展、参展。

（四）申请起止时间

即日起至 2025 年 2 月 15 日。

中国进出口商品交会

2024 年 12 月 2 日

（七）招展预算

招展预算应注意以下两点：第一，招展预算是为招展各项工作的顺利进行所制定的费用支出预算，在各招展筹划工作基本确定的基础上，对招展可能需要的费用支出做出整体安排与具体支出计划。招展预算的编制应该从招展工作的实际需要出发，本着统筹安排、合理利用的原则，符合实际地进行编制。一般情况下，直接招展费用主要包括：招展人员的费用，包括招展工作人员的工资、差旅费、办公费等；招展宣传推广的费用；代理费用；招展资料的编印与邮寄费用；招展的公关费用；其他不可预见的招展费用。第二，招展预算要编制得细致，且费用支出要安排得合理。招展预算应本着节约的原则，只有确实需要支出的费用才可以进行预算支出，这样可以严格控制展览的招展成本，防止招展费用的失控。另外，招展预算的费用支出应该注意在时间安排上与招展工作的实际需要相配合，不可以出现工作开始时费用充足而最后费用却不够，或者是开始不愿支出而到最后拼命追加费用等情况。

【延伸阅读】

绿色展览招展预算范本

一、固定成本

1. 场地租赁费用

- 展览场地租金：根据展览规模和场地收费标准估算。
- 场地布置费用：包括基础照明、地面铺设等。

2. 搭建设计费用

- 绿色展位设计与搭建：采用环保材料，如可回收展板、模块化展具。
- 绿色展区布置：设置专门的环保展区，鼓励参展商使用绿色搭建。

3. 环保材料采购费用

- 环保展具、可回收材料的采购。

4. 宣传推广费用

- 线上推广：网站、社交媒体、电子邮件营销。
- 线下推广：宣传册、海报、广告牌等，尽量采用环保纸张和印刷。

5. 人员费用

- 策展团队、搭建团队、现场管理团队的工资。

6. 行政管理费用

- 办公设备、差旅费、通信费等。

二、变动成本

1. 展位销售费用

- 标准展位：根据展位面积和位置定价。
- 特殊展位：为大型企业或重点参展商提供定制化展位，价格高于标准展位。

2. 营销推广费用

- 线上广告投放：根据点击量或曝光量计费。
- 线下活动：举办绿色论坛、讲座等，吸引专业观众。

3. 物流与运输费用

- 展品运输、搭建材料运输等。

4. 绿色服务费用

- 碳中和服务：购买碳抵消额度。
- 环保废弃物处理：垃圾分类、回收等服务。

三、收入

1. 展位收入

- 标准展位收入：按展位数量和单价计算。

- 特殊展位收入：按定制化展位的单价计算。

2. 门票收入

- 普通门票：针对普通观众。

- VIP 门票：提供额外服务，如专属参观路线、活动参与权等。

3. 赞助与广告收入

- 企业赞助：吸引环保相关企业赞助。

- 广告收入：展位广告、宣传册广告等。

4. 增值服务收入

- 绿色认证服务：为参展商提供绿色展览认证。

- 碳中和服务：为参展商提供碳中和解决方案。

四、预算表

项目	预算金额/元	备注
场地租赁费用	×× ×××	根据场地收费标准估算
搭建设计费用	×× ×××	环保材料搭建费用
环保材料采购费用	×× ×××	可回收材料采购
宣传推广费用	×× ×××	线上线下推广费用
人员费用	×× ×××	策展团队、搭建团队工资
行政管理费用	×× ×××	办公设备、差旅费等
固定成本总计	×× ×××	—
变动成本总计	×× ×××	根据实际需求调整
收入总计	×× ×××	根据展位和门票销售估算
预计利润	×× ×××	收入−固定成本−变动成本

五、预算说明

1. 绿色展览特色：预算中需体现绿色展览的环保理念，如使用环保材料、碳中和服务等。

2. 动态调整：根据实际招展情况和市场变化，动态调整预算。

3. 盈亏平衡分析：通过计算固定成本和变动成本，确保收入覆盖成本并实现盈利。

（八）拟定参展合同书条款

参展合同书应是展览组织机构和参展商双方共同签订的契约，所有条款都应当在双方同意的前提下签订生效。展览组织机构需要提前根据展览的性质、功能、目标等要素事先拟定好展览组织机构和参展商各自的权利、义务以及违约的责任等基本条款，待参展商打算参展时双方再通过洽谈商量进一步确认相关条款内容。

【延伸阅读】

参展合同书范本

合同编号：[填写合同编号]

签订日期：[填写签订日期]

签订地点：[填写签订地点]

甲方（参展方）：	乙方（展会主办方/承办方）：
公司名称：[填写公司名称]	公司名称：[填写公司名称]
法定代表人：[填写法定代表人姓名]	法定代表人：[填写法定代表人姓名]
地址：[填写公司地址]	地址：[填写公司地址]
联系电话：[填写联系电话]	联系电话：[填写联系电话]
邮箱：[填写邮箱地址]	邮箱：[填写邮箱地址]

鉴于：

乙方将于[展会名称]于[展会时间]在[展会地点]举办[展会名称]展览会（以下简称“展会”），甲方有意参展并已向乙方提交参展申请。为明确双方权利义务，经双方友好协商，达成如下协议：

第一条　展位安排

1. 乙方同意为甲方提供以下展位：

- 展位编号：[填写展位编号]。
- 展位面积：[填写展位面积，如“9 平方米（3 米 × 3 米）”]。
- 展位类型：[填写展位类型，如“标准展位”或“特装展位”]。

2. 展位位置以乙方最终确认的展位分配图为准。

第二条　参展费用及支付方式

1. 参展费用：

- 标准展位费：人民币 [×] 元（大写：[×] 元整）。
- 特装展位费：人民币 [×] 元（大写：[×] 元整）。

- 其他费用（如搭建管理费、电费等）：[填写具体金额]。

- 总计：人民币［×］元（大写：［×］元整）。

2. 支付方式：

- 甲方应在本合同签订后［×］个工作日内向乙方支付参展费用的［×]% 作为定金，即人民币［×］元（大写：［×］元整）。

- 甲方应在［展会开始前×天］前支付剩余款项，即人民币［×］元（大写：[×］元整）。

- 乙方收到款项后应向甲方开具正式发票。

第三条　展会时间与地点

1. 展会时间：[填写展会具体日期，如“2024 年 10 月 10—12 日”]

2. 展会地点：[填写展会具体地址，如“上海国家会展中心（上海市青浦区崧泽大道 333 号）”]

第四条　甲方权利与义务

1. 甲方有权按照乙方安排的展位位置进行展示。

2. 甲方应确保参展产品或服务符合国家法律法规及展会规定，不得侵犯他人知识产权。

3. 甲方应按照乙方要求的时间完成展位搭建（如为特装展位）或布置（如为标准展位）。

4. 甲方应遵守展会现场的管理规定，不得擅自更改展位位置或用途。

第五条　乙方权利与义务

1. 乙方有权对甲方参展产品或服务进行审核，如发现不符合展会主题或规定，乙方有权要求甲方整改或取消参展资格。

2. 乙方应为甲方提供展位，并确保展位符合展会标准。

3. 乙方应为甲方提供展会期间的基本服务，包括但不限于场地清洁、安保、照明等。

4. 乙方应协助甲方处理展会期间的突发情况。

第六条　违约责任

1. 若甲方未按约定支付参展费用，每逾期一日，应按未支付金额的［×]% 向乙方支付违约金。逾期超过［×］日的，乙方有权解除合同，并没收定金。

2. 若乙方未按约定提供展位或展位不符合约定条件，乙方应退还甲方已支付的费用，并按已支付金额的［×]% 向甲方支付违约金。

3. 因不可抗力（如自然灾害、政府行为等）导致展会无法正常举办或延期，双方互不承担违约责任，但乙方应退还甲方已支付的费用（扣除已发生的合理成本）。

第七条　争议解决

1. 本合同的签订、履行、解释及争议解决均适用中华人民共和国法律。

2. 如双方在履行本合同过程中发生争议，应首先通过友好协商解决；协商不成的，任何一方均可向合同签订地有管辖权的人民法院提起诉讼。

第八条　其他条款

1. 本合同自双方签字（或盖章）之日起生效，一式两份，甲乙双方各执一份，具有同等法律效力。

2. 本合同未尽事宜，双方可另行签订补充协议，补充协议与本合同具有同等法律效力。

甲方（盖章）:　　　　　　　　　　　乙方（盖章）:

法定代表人或授权代表（签字）:　　　法定代表人或授权代表（签字）:

日期: [填写日期]　　　　　　　　　日期: [填写日期]

附件:

1. 展位分配图;

2. 展会参展手册;

3. 其他相关文件（如有）。

任务二　开展招商的基础工作

一、招商的含义和特征

招商，即组织展览目标观众，具体来说就是通过各种方式，吸引对拟办展览所展示的产品有需要和感兴趣的采购商及潜在观众参观展会。

招商具有 3 个特征:

经济的间接性。展览组织机构每招到一个参展商就会给他带来直接的经济利益，而招到观众却不能带来直观的经济收益。

工作的隐形性。招展投入的多少，可通过展位的预订情况得知，而参展的观众却往往不会提前向展览组织机构预订。

效果的滞后性。招商效果的好坏要到展览举办期间才能知道，这时参展商的展位费等各项费用都已经缴纳。参展商如果发现招商效果不好，却也无可奈何。

二、观众的分类

按照不同的分类标准，展览的观众可以划分为不同的类型。

1．专业观众和普通观众

专业观众是指那些在展览题材相关行业内从事各种职业的人员。他们主要来自相关行业的生产制造企业、研究机构、技术开发机构、进出口企业、批发与零售企业、行业管理部门和服务型企业等单位。比如汽车展，专业观众包括汽车的生产厂家和销售公司，以及汽车研究所等专业机构的人员，对于那些爱车一族，他们应该排除在专业观众的花名册之外。专业观众的质量和数量不仅是评价展会质量和水平的重要因素，还关系到展览的生命力，决定着展览的成败。普通观众主要是指那些所从事的职业暂时与展览题材没有联系而又有兴趣入场参观的人员。

2．有效观众和无效观众

有效观众是指到会参展的专业观众以及参展商所期望的具有潜在贸易价值的观众，他们对展览来讲不可或缺。无效观众是指参展商没有对其产生期望值的观众，他们对于展览来说可有可无。由此可知，展览观众并不是越多越好。对于一个专业展览来说，如果无效观众过多，可能会给展览的正常商务活动带来不利影响，例如，展览现场太嘈杂、秩序混乱、影响商务谈判等。因此，组织展览观众的重点是邀请到尽可能多的有效观众，这对于展览来说具有重要意义。但是从另一方面来讲，无效观众对展览也不是没有任何作用，实际上只要数量适中，他们对增加展览人气、活跃展览气氛、扩大参展商的广告效益和知名度同样具有价值。

三、招商工作在展览运营管理中的重要地位

参展商在展会中得到订单的机会越大，参展的效果就越明显，而得到订单的机会大小又取决于专业观众的流量。由此可知，参展商的参展需求主要通过展会的专业观众实现，也证明了邀请专业观众至关重要。展览的成功与否很大程度上取决于展览观众的数量和质量，特别是高质量的专业观众、购买客商，最好是大规模的买家。贸易展览的参展商参加展览的目的主要是拓宽产品销路，而专业观众是参展商的真正潜在客户，他们的数量和质量直接影响参展商的参展收益和以后参展的可能性，是参展商心目中衡量展览的首要参数。在会展行业日趋规范、竞争越发激烈的现实情况下，中小型会展企业如果不能打开思路，依旧把工作重心全部放在参展企业的邀请上，而忽略了对专业观众的组织工作，可以预见，这样的办展之路必将越走越窄。

当然，不同的展览需要不同的观众，“展销会”需要的观众是以购物为主的一般的商品消费者；“专业订货会”“交易会”等需要的是以贸易订货为主的贸易商或各类需方代

表；“洽谈会”“招商会”需要的观众是项目开发和准备投资的合作者等。展览组织机构首先要根据展览的特点来定位展览的专业观众。只有根据展览特点找准专业观众的定位，才能有目的地进行专业观众的组织。那么，是否展馆内到处人头攒动，连通道都被挤得水泄不通，就说明展览组织对于专业观众的邀请是成功的呢？不尽然，如果仅仅关注观众数量的增加，只为营造展场内热热闹闹、人潮涌动的氛围，而不加选择地拉人凑数，必然会导致进入展场内的观众良莠不齐。

四、招商的基础工作

1. 建立目标观众数据库

建立目标观众数据库是招商的基础。目标观众，特别是专业观众样本的主要渠道有以下几种：①现场取样，即从展览现场得到的数据；②登记表登记，即根据专业观众进场前的登记进行统计；③网络注册取样，即利用展览网站开通的网上电子登记系统，将所需要取样的内容制成表格，以电子请帖的形式提供给观众填写；④展览身份识别信息管理软件；⑤在同类展览信息中寻找专业观众；⑥根据参展商的期望寻找专业观众。当然，在建立目标观众数据库时，要科学分类，以便查找和检索，还要确保信息准确、及时更新。

2. 目标观众的信息收集及选择依据

收集目标观众信息时，除了要收集他们的名称、地址、联系电话、传真、电子邮件和网址等信息，还要了解他们的职务、年龄、个性特征、购买影响力以及他们的产品需求倾向等。

选择目标观众主要依据行业、地区、企业规模等综合而定；行业选择视展览的性质和内容而定；选择地区应考虑该行业在该地区的发展状况、市场分布、参展商业务范围的影响；企业规模标准视展览的档次、参展商的企业规模和交易要求而定。

3. 观众邀请函编印

观众邀请函是专门针对展览的目标观众尤其专业观众发送的。观众邀请函的主要作用是邀请专业观众到会参观，发送的针对性较强，效果往往也较好。观众邀请函一般在展览开幕前 1 个月才向目标观众邮寄。不过对于国外的观众，邀请函的邮寄时间就要适度提前，一般在开幕前 3～6 个月就开始邮寄，这样便于国外观众制订参观计划和申请签证。一份完整的观众邀请函的主要内容包括：①基本概述，包括展览的特点和优势等。②招展情况，包括展出的主要展品、参加展出的新产品，一般还会将一些行业知名的企业参展情况进行重点描述。③相关活动计划，包括这些活动的内容和特色，特别是关于观众互动、观众抽奖等活动，并说明有关的奖品设置。④参观回执表，包括申请参观的联系人和联系方式等，方便观众预告登记。

【延伸阅读】

绿色展览观众邀请函

尊敬的[受邀人姓名]:

您好!

在这个春意盎然的季节里，我们诚挚邀请您参与一场特别的展览——“绿色未来:探索可持续发展的无限可能”。这不仅是一场视觉与感官的盛宴，更是一场关于环保、创新与自然共生的深刻对话。

展览时间:[具体日期与时间]

展览地点:[详细地址]

展览亮点:

- 绿色艺术装置:由可回收材料打造的互动装置，展现创意与环保的完美结合。
- 可持续生活方式展:探索日常生活中如何通过简单改变实现环保目标。
- 环保科技展示:前沿绿色科技与创新解决方案，引领未来生活新趋势。
- 自然与艺术的对话:多位艺术家以自然为灵感，呈现震撼人心的环保主题作品。
- 主题讲座与工作坊:与环保专家、设计师面对面交流，共同探讨绿色未来。

我们相信，每个人都可以成为改变世界的力量。通过这次展览，我们希望传递一种理念:保护地球并非遥不可及，而是从每一次选择开始的行动。

无论您是环保倡导者、艺术爱好者，还是对未来充满好奇的探索者，这场展览都将为您带来启发与感动。

报名方式:

请于[报名截止日期]前通过以下方式确认您的参与:

- 在线报名:[报名链接]
- 电话报名:[联系电话]

温馨提示:

- 展览全程倡导绿色出行，建议选择公共交通或拼车前往。
- 展览现场将提供环保纪念品，数量有限，先到先得!

期待与您共同见证这场关于绿色未来的视觉与思想盛宴。让我们携手，为地球的明天贡献一份力量!

祝好

[主办方名称]

[日期]

联系方式：

邮箱：[邮箱地址]

电话：[联系电话]

网站：[官方网站]

附注：

请携带本邀请函（电子版或纸质版）入场，享受优先入场服务。

让我们一起，用行动守护绿色未来！

4．招商分工

为了保证展览在开幕后能有一定数量和质量的观众到会参观，在进行展览招商管理时，需要对展览招商工作进行分工。主要涉及两个方面：

（1）办展机构之间的招商分工。当展览由几个单位联合举办时，必须明确展览的招商工作由谁负责。如果展览的招商工作由办展机构共同来负责，必须明确各办展机构之间的招商分工，包括明确各单位必须共同遵守的招商原则、对各单位负责的招商地区（或行业）和重点目标观众的划分、对招商费用的预算和支付办法、对重点目标观众的邀请和接待的安排等。

（2）本单位内招商人员及其分工安排。有招商任务的单位要对本单位的招商人员及其工作做出安排，包括确定主要负责招商的人员名单，明确其主要任务是进行展览招商；明确各招商人员负责招商的地区范围和重点目标观众；制定各招商人员的信息沟通和工作协调办法；对重点目标观众要制订统一的接待安排计划。

5．招商预算

招商预算是保证招商工作有效开展的重要条件。招商预算的项目包括观众邀请函编印和邮寄费用、招商宣传推广费用、招商人员费用（包括招商工作人员工资、差旅费、办公费等）以及其他不可预计的费用等。

【任务小结】

招商与招展工作在绿色展览运营中有着极其重要的作用，做好这项工作可以提升展会影响力，促进信息交流与交易，推动行业发展，实现多方共赢。

绿色展览运营中招展的基础工作包括以下内容：建立目标参展商的数据库、展区和展位划分、确定参展商的选择标准、招展价格的制定、招展分工、招展函的编制与发送、招展预算、拟定参展合同书条款。

绿色展览运营中招商的基础工作包括以下内容：建立目标观众数据库、目标观众的信息收集及选择依据、观众邀请函编印、招商分工与预算。

【案例】

上海国际酒店家具、商用定制及软装设计展 App 邀请函

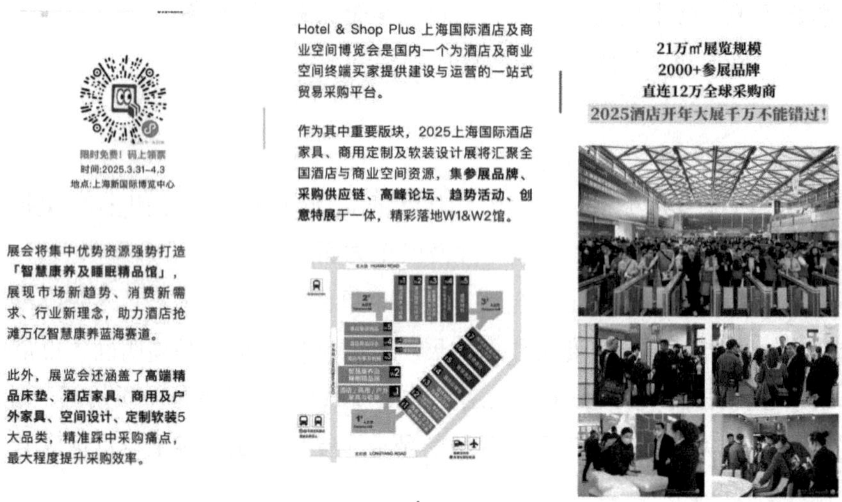

（资料来源：https://mp.weixin.qq.com/s/M1oT-gKQhFraQL2o8mp4Hw）

【任务测试】

1. 一份完整的观众邀请函主要包括哪些内容？
2. 线上邀请函是如何体现绿色展览运营理念的？
3. 如何提高观众邀请函的有效性？

【任务拓展】

招展代理

对于一个大型展览来说，招展的任务比较繁重，通常展览的组织机构会寻求合适的招展代理商，协助展览组织机构做好招展任务。招展代理是展览组织机构通过外部力量来做大做活招展业务的一种有效手段。一个资质可靠、负责任的代理商可以高效地完成招展任务，确保展览的经济效益。一般来说，展览的招展代理主要有以下几种：

独家代理招展。在保证一定摊位数的基础上，一个地区选择一家代理机构作为独家代理，所有来自这一地区的摊位不管是否由代理直接招来，都计入代理的摊位中，统一支付代理佣金，且不管以后该公司是否通过代理或直接报名，都算为代理的名下，作为代理的永久客户。对于一些专业性较强的展览，通常做法是与一个专业的协会或公司全方位合作，利润共享。

一般代理。展览组织机构在同一地区同时设立几个代理商作为自己展览的招展代理，同时规定各个代理之间的权限和利益，而且招展的条件必须统一，以免造成混乱。

承包代理。该代理机构向展览组织机构承诺在展览开幕前卖出一定数量的展位，并且双方签订合同，无论是否完成约定的展位数量，代理商必须按商定的展位费付给办展机构。

招展代理需要秉承的原则如下：

(1) 经济原则。经济效益是一切招展决策的基本出发点。在选择代理商时，应当考核选择代理商所需要花费的成本以及可能引致的销售收入的增长，以此评价代理商选择的合理性。

(2) 控制原则。展览组织机构与代理商都是相对独立的经济实体，它们之间在管理上不存在从属关系。因此，选择代理商时，应充分考虑对其控制的程度。代理商是否稳定可靠，对展览组织机构能否维持并扩大市场份额、实现其长远目标至关重要。如果代理商对展览组织机构的依赖性较强，展览组织机构对代理商的控制就较容易，其选择代理商的风险就较小。

(3) 适应原则。代理商对于展览组织机构而言，属不完全可控因素。展览组织机构与代理商之间作为一种协作关系，它们之间是相互适应的。这种适应性体现在三个方面：①地区的适应性，即根据不同地区的市场环境，建立与之相适应的代理商体系；②时间上的适应性，即根据不同的展览项目在市场上的适销状况，采取不同的代理商政策与之适应；③对代理商的适应性，即根据代理商的销售实力、商业信誉、管理水平状况，对不同的代理商采取不同的渠道策略。

参展企业现场服务事项温馨提示

尊敬的参展商：

为帮助您更快捷了解第 137 届中国进出口商品交易会（广交会）有关服务指引，特制定本温馨提示（具体请下载附件）。以下方面请您关注：

一、展会信息

第 137 届广交会线下展设置 55 个展区，分三期举办。第一期为 2025 年 4 月 15—

19 日、第二期为 2025 年 4 月 23—27 日、第三期为 2025 年 5 月 1—5 日，换展期为 2025 年 4 月 20—22 日、4 月 28—30 日。

您可以通过“展会概况”，了解展会具体时间安排和展区安排。

二、官方网站

您可以登录广交会唯一官方网站 (www.cantonfair.org.cn)，获取参展指引和更多资讯，通过“参展易捷通”办理展会服务项目（包括申报证件资料、展会服务在线申请、展品搬运等）。

三、现场服务

展馆内设有众多现场服务点，您可以前往对应服务地点或拨打对应服务电话，咨询和办理相关服务项目。

四、展位装搭

参展企业共有两种展位模式，即标准展位和特装展位。标准展位由广交会统一进行搭建，特装展位必须委托广交会特装施工服务商具体实施。标准展位如需自带材料在现场搭建进行简单装修，视为标摊简装展位，您需委托特装施工服务商具体实施（展柜 3 个以下除外，且尺寸不超过长 1 米 × 宽 0.6 米 × 高 0.6 米），否则将视为违规简装，将按大会有关规定进行处理。标准展位仅更换或增减展位内展具设备的，您可在网上申报或在客服中心现场服务点现场申报。

您还需留意“施工管理特别要求”，了解展馆相关处罚规定。

五、涉地图展示信息

如您拟展示涉地图展样品和资料信息，需在展前向相应交易团（分团）提交。如未在展前提交，还可自行送至现场受理点审核。展会期间，请您支持配合涉地图展示信息现场联合检查。

六、撤展工作安排

请您严格遵守大会撤展时间，禁止提前打包、撤展。如您需办理清场押金、电箱押金等退押金手续，请将“业务单”交有关作业人员确认签名后，到客服中心现场服务点办理。

更多信息咨询可拨打广交会客户联络中心服务热线 4000-888-999。

重要提示：大会仅在现场服务点设立收费处，现场服务人员不会到展位上向参展商收取任何费用；如发现有人违规现场收费，请及时取证并扫描二维码填表举报。

【实训】

实训任务：制定招展计划书

选择一个即将举办的绿色展览或环保活动，基于该活动的特点，制订一个详细的招展计划，包括收集信息、展位划分、招展分工、展会预算等内容。

成果要求：提交一份招展计划书，包含上述所有要素，并附上时间表和责任分配。

项目六　绿色展览的宣传与推广

【学习目标】

1. 理解绿色展览的重要性和对环境的积极影响。
2. 掌握绿色展览宣传与推广的关键策略和方法。
3. 学习如何制订有效的绿色展览宣传计划。
4. 了解不同媒体渠道在绿色展览宣传中的作用。
5. 执行并评估绿色展览的宣传效果。

【案例导入】

国际绿色建筑建材（上海）博览会

国际绿色建筑建材（上海）博览会（ESBuild，以下简称绿色建博会）是中国绿色建筑建材领域最具影响力的专业展会之一。该展会汇聚了国内外众多绿色建筑领域的最新产品、技术与解决方案，旨在推动绿色建筑行业的发展和创新。

在2023年举办的绿色建博会中，组织者通过一系列精心策划的宣传推广活动，成功吸引了来自全球的参展商和专业观众，提升了展会的国际影响力，并有效促进了绿色建筑理念的传播。

宣传推广策略如下：

1. 官方网站与数字营销相结合。利用官方网站发布最新的展会信息、参展商资料和行业动态。通过搜索引擎营销（SEM）和搜索引擎优化（SEO）提高网站的可见度和流量。

2. 利用社交媒体宣传。在微博、微信、LinkedIn（领英）等社交媒体平台上建立官方账号，发布展会预告和行业资讯。利用短视频平台（如抖音和快手）发布绿色建筑相关的教育内容和展会花絮，吸引年轻观众。

3. 行业合作与联动同时进行。与国内外的建筑行业协会、绿色建筑认证机构合作，共同推广展会。与建筑和设计学院合作，邀请学生和教授参与展会，营造学术氛围。

4. 传统媒体继续合作。在建筑和设计相关的杂志、报纸上投放广告，吸引行业内的专业人士关注。在广播和电视上进行专题报道，介绍展会亮点和参展企业。

5. 现场活动与提升体验。在展会现场设置绿色建筑技术体验区，让参观者亲身体验绿色建筑的先进技术。举办绿色建筑高峰论坛，邀请行业领袖和专家分享最新的研究成果和市场趋势。

在展会的宣传材料和搭建中使用可回收和可降解材料，减少环境污染。鼓励参展商和观众使用公共交通工具前往展会，减少碳排放。官方网站的访问量比上一届增长了40%，社交媒体关注度提升了50%。展会吸引了超过10万名国内外专业观众，比上一届增长了20%。根据展会结束后的调查，95%的参展商和观众对展会表示满意，80%的参与者表示会推荐给同行。

（资料来源：https://www.qufair.com/convention/17686.shtml）

【思考】

绿色建博会的宣传推广案例展示了如何通过线上线下相结合的方式，利用数字营销和社交媒体的力量，与行业合作伙伴联动，有效地提升展会的知名度和参与度。同时，通过现场的互动体验和高峰论坛，增强了展会的专业性和权威性。此外，展会的环保实践也体现了绿色建筑理念的实际应用，为参观者提供了直观的绿色生活体验。

【任务认领】

假设你所在的城市即将举办一场以“绿色生活，美好未来”为主题的大型绿色展览，你的任务是制订一套全面的宣传与推广计划，以确保展览能够吸引目标受众，并传达绿色生活的理念。

任务一　确定绿色展览目标

在绿色展览的宣传与推广项目中，确立目标是整个工作流程的起点。目标的设定不仅需要反映展览的核心价值和宗旨，还应与组织的整体战略相协调。明确的目标有助于团队集中精力、合理分配资源，并最终实现展览的成功。

一、总体目标

1. 提升品牌影响力

绿色展览品牌要在激烈的市场竞争中脱颖而出，必须系统性地提升其整体影响力，这不仅包括提高品牌的可识别度与知名度，更关键的是塑造其在绿色环保与可持续发展领域的专业性与权威性。品牌影响力的建立首先需要精准定位，即明确绿色展览在行业中的角色：不仅是展示平台，更是行业趋势的引领者与话语体系的构建者。

在此基础上，应通过一系列高效的宣传推广策略，如多平台联动营销、关键意见领袖（KOL）/专家推荐传播、社交媒体话题引导等手段，打造“绿色展览 = 绿色建筑首选平台”的认知联想。例如，德国慕尼黑的建材展（BAU）就通过长期聚焦建筑可持续发展、邀请权威设计事务所发布年度绿色趋势报告，成功构建起其行业标杆地位，成为全球绿色建材与建筑技术厂商的首选展示场所。

此外，绿色展览还应主动把握行业脉搏，聚焦绿色城市更新、低碳建造、智能建材等前沿议题，邀请相关企业、科研机构、政府部门共同参与，打造高质量的主题论坛和研讨会，形成“展中有会、会中有展”的品牌协同格局。通过展现最新绿色技术、推动行业跨界交流、输出专业观点，绿色展览将在行业内树立起“专业、前沿、可信赖”的品牌形象，最终成为同行竞相学习与借鉴的典范。

2. 扩大受众基础

绿色展览致力于打造一个开放而包容的平台，吸引涵盖建筑师、设计师、工程师、建材供应商、房地产开发商等专业群体的同时，也积极拓展至环保组织成员、教育机构代表、科研人员及具有环保意识的公众群体。通过精准的受众画像分析，制定多元化的宣传策略，借助社交媒体传播、行业合作推荐、校园宣传计划等方式，触及不同背景和兴趣维度的潜在观众。

在宣传过程中，重点突出绿色展览在生态可持续、绿色建材、低碳生活等方面的实践意义和社会价值，激发环保意识较强群体的共鸣。例如，在 2023 年某地绿色建博会中，主办方设置了“零碳体验馆”和“绿色生活打卡区”，吸引大量亲子家庭和环保达人参与体验，显著提升了公众关注度与活动传播力。

此外，可通过互动式展览设计、实景模拟、绿色建造工作坊、材料触感体验区等沉浸式参与方式，提升观众的参与感与满意度，促进口碑传播和提高回头率，进一步夯实绿色展览作为全民环保教育平台的品牌基础。

3. 促进行业交流

绿色展览不仅是展示绿色与可持续技术的窗口，更是连接行业上下游的重要交流平台。它通过组织高质量的专业论坛、专题研讨会和供需配对会，打造一个知识共享、思想碰撞、资源对接的多维互动空间，促进行业内的跨界协同与深度合作。在展会期间，主办方可邀请来自政府机构、科研院所、行业协会和龙头企业的专家学者，围绕绿色建筑标准、碳中和路径、绿色金融机制等关键议题展开讨论，推动政策、技术与市场的深度融合。同时，展会可设立绿色实践案例专区，系统展示国内外绿色建筑在设计、施工、运维等环节的成功经验，激励参展者将先进理念转化为自身可落地的解决方案。为推动全球视野下的绿色合作，展览也可积极吸引国际知名参展商和专业观众，通过中英双语会议、国际合作展台、海外项目对接会等形式，搭建中外绿色建筑技术交流与项目合作的桥梁，既引入国外的先进技术与管理经验，也为国内绿色建筑成果“走出去”提供展示舞台与合作契机，助力中国绿色建筑行业向国际化、高质量发展迈进。

4．强化环保意识

通过展览活动，绿色展览不仅服务于专业观众，更面向广大公众开展绿色环保和可持续发展理念的普及教育，旨在全面提升社会整体的环保认知水平。展会通过多样化的展示方式，生动呈现绿色建材、节能设备、低碳生活产品在家庭、办公、出行等日常场景中的实际应用，打破公众对绿色建筑“高成本、难落地”的刻板印象，让绿色理念变得可视、可感、可行。通过实物演示、情境体验和案例比对，使观众能够直观理解绿色技术在节能减排、提高生活质量方面的现实意义，从而自觉向更环保、更健康的生活方式靠拢。

为了增强参与感，展会可设置互动式体验区、环保打卡挑战、绿色生活工作坊、青少年环保教育角等特色环节，引导观众尤其是家庭观众和学生群体，从被动“看展”转变为主动“参与”。例如，在2023年绿色生活展中，主办方设置了“零碳一日体验屋”，邀请观众亲自操作太阳能发电、雨水回收系统等绿色设备，获得极佳的互动反馈。

通过公众的广泛参与与积极反馈，绿色展览在传播绿色建筑知识的同时，也承担起了社会环境教育的重要使命，推动环保意识在更大范围的社会层面上生根发芽。

5．目标实现的预期效果

目标实现后，绿色展览将在品牌建设、受众结构、行业合作与社会影响等多个层面展现出显著成效。首先，在品牌建设方面，绿色展览将逐步成长为业内广泛认可的权威性绿色展会品牌，成为绿色建筑、生态城市与可持续发展领域的重要象征。其名称将与“环保”“低碳”“科技创新”等关键词紧密关联，不仅具备强大的品牌号召力，也将在行业内形成高度的品牌认同与品牌信赖。

其次，在观众构成方面，绿色展览将实现从单一专业观众向“专业+公众+跨界人群”的拓展，形成一个多元化、高参与度的观展格局。除了建筑设计、建材供应、地产开发等传统领域的专业人士外，还将吸引来自科研机构、高校、金融投资、政策制定、媒体传播等多个相关行业的高质量观众，进一步提升展会的交流价值与行业影响力。

再次，绿色展览将在国际视野下持续拓展合作网络，成为推动国内外行业合作与技术交流的重要桥梁。通过引进国外领先企业与绿色解决方案，同时输出中国在绿色建造与智慧城市建设中的成功经验，助力绿色技术的国际流通与合作共赢。

最后，在社会影响层面，绿色展览将通过持续的公众教育与绿色理念传播，显著提升大众对环保议题的关注与认知，形成更广泛的社会共识，推动政府部门在绿色建筑、节能减排等领域出台更加科学、可行的政策，助力国家“双碳”目标的实现，最终为推动绿色社会建设做出积极贡献。

二、具体目标

1．品牌知名度提升

在展览开幕前，通过多渠道宣传策略，使绿色展览的品牌知名度在目标市场中得以提升。利用数字营销（包括搜索引擎营销、社交媒体推广）、传统媒体广告（如电视、广播、报纸和杂志）、户外广告、邮件营销和公关活动等多种渠道，全方位提升品牌曝光度。针对行业内专业人士、环保组织、教育机构、潜在参展商和公众等不同群体，制订差异化的宣传计划，以确保信息的有效传达。通过市场调研、品牌跟踪研究和网站流量分析等手段，定期监测品牌知名度的变化，及时调整宣传策略。

2．参观人数增加

为确保绿色展览具备充足的人气、广泛的影响力以及良好的交易转化能力，主办方应构建一个兼具规模与质量的专业交流平台。其中，专业观众占比不低于 60%，涵盖建筑设计、工程建设、绿色建材、房地产开发、绿色金融等关键领域，确保展会具备高度的行业专业性和商业潜力，形成以供需对接、项目洽谈和趋势交流为核心的高效平台环境。

此外，为提升展会的国际化水平与多元性，预计国际观众占比达到 10%，通过定向邀请国际绿色建筑组织、海外专业买家、国际环保机构及相关政府代表，打造展会的“国际朋友圈”。这一比例的实现不仅将有助于促进中外绿色技术与理念的深度交流，也有助于提升中国绿色建筑行业在全球的影响力与话语权。

为进一步提升观众满意度与参观体验，展会将通过优化展区布局，设置清晰的主题分区与动线指引；同时提供中英文双语服务，配备专业翻译志愿者与智能语音导览系统，满足不同语言观众的参观需求。此外，增加现场互动环节如绿色体验区、创新材料触摸区、互动问答及观众投票等，也将有效提升观众的参与感和沉浸感，激发观展兴趣。通过以上综合措施，绿色展览将在实现观众数量目标的基础上，进一步强化其“专业性、国际化、互动性”三大亮点，全面提升展会的品牌价值与综合影响力。

3．媒体覆盖与合作

为进一步扩大绿色展览的公众影响力和行业声量，主办方将重点加强与各类媒体平台的深度合作，构建起覆盖主流媒体、专业媒体及新媒体渠道的多维传播矩阵。计划在展会举办期间及前后，在国内外主流媒体和行业内重点媒体上发布不少于 60 篇展会相关报道与专访，确保展会的高曝光率和深度传播。

媒体合作将涵盖建筑、环保、科技、城市发展等相关领域的行业杂志与门户网站，如《中国会展》《环境经济》《商展经济》及中国绿色建博会官网等；同时同步拓展新媒体矩阵，借助微信公众号、微博、知乎、抖音、小红书、B 站等社交媒体和短视频平台进行图文推介、短视频展示、直播连线和话题互动，满足不同年龄与媒介偏好的用户群体，提高传播触达效率。此外，还将鼓励专业 KOL、绿色生活博主及意见领袖参与报道或展后评述，进一步形成舆论影响力。

更为关键的是，主办方将与数家具有行业话语权的专业媒体建立深度战略合作关系，开展专题策划与跟踪报道。例如，在展会筹备期推出“展前预热”栏目，介绍展品亮点和议题设置；在展中进行现场采访和直播连线，捕捉重要活动、嘉宾发言和观众反响；在展后策划“回顾专题”与“趋势前瞻”，推动绿色环保理念的二次传播与持续发酵。通过这种“全周期、多平台、深链接”的立体传播方式，不仅能全面提升展会的社会知名度和行业影响力，也将强化其品牌记忆点，塑造权威、公信、专业的绿色展览形象。

4. 环保意识提升

绿色展览在强化专业交流功能的同时，也承担着重要的社会教育职责，致力于提升公众对绿色建筑与可持续发展议题的理解与参与感。展会期间，主办方将精心设计一系列针对不同群体的环保传播与教育活动，帮助公众从“认知接受”走向“价值认同”与“行为转化”。

首先，展会将制作并广泛分发涵盖绿色环保核心概念、节能技术介绍、环保行为建议等内容的宣传材料，如图文并茂的展览手册、环保倡导海报、主题明信片与便携式折页，并同步推出图文视频化的在线内容，在社交平台和展览官网发布，满足数字时代多终端传播需求。

其次，在展会现场设置多个互动体验区域，开展沉浸式的环保教育与体验活动，如“绿色建材探索区”“零碳生活模拟屋”“绿色设计涂鸦墙”“生态花园互动装置”等，激发观众对绿色理念的兴趣。特别是面向青少年和亲子家庭，将组织一系列以寓教于乐为导向的绿色工作坊与讲座，例如太阳能装置手工课、可回收材料 DIY、绿色知识快问快答等，让环保知识在参与中自然渗透。

更重要的是，展览将以数据为支撑，通过观众调查问卷、深度访谈和在线反馈系统，在展前、展中和展后各阶段收集观众对绿色环保认知、态度与行为意图的变化情况，形成可量化的环保传播评估报告。这些数据不仅为未来展会内容优化提供依据，也将成为主办方推动社会绿色教育工作成效的有力佐证。

通过这种“知识传递+互动体验+数据评估”的“三位一体”式环保传播机制，绿色展览将有效推动环保意识在更广泛的社会层面传播开来，赋能绿色生活方式向公众日常行为的转化，助力构建生态文明社会的公众参与基础。

5. 经济效益与社会效益

绿色展览作为连接“环保理念—市场实践—公众认知”的综合性平台，其成功举办不仅体现为展会本身的人气与影响力，更将在经济与社会两个层面发挥持续性正向效益。

在经济效益方面，主办方将通过高效的展览宣传与营销推广，吸引来自国内外的高质量参展商与采购商参与。还将带动周边产业的发展，为所在城市带来明显的经济外溢效应。预计展会期间将带动会展旅游、交通出行、住宿服务、城市宣传等多个相关行业发展，形成“一展多赢”的产业联动格局。例如，2023 年在某城市举办的绿色建材展就曾在短短三天内带动当地酒店入住率增长 15%、周边交通与文旅消费显著提升，展现出良好的“展会经济”带动效应。

在社会效益方面，绿色展览通过不断强化绿色建筑、低碳生活、资源节约等理念的传播，激励企业与个人将环保责任落实到实际行为中，不仅为环保政策的制定与优化提供了真实的公众反馈基础，也为推动绿色标准实施与绿色产品推广创造了社会共识。随着展览的长期举办与不断完善，绿色展览将成为城市环境治理、公众环保教育、产业绿色转型的重要支点，为实现“双碳”目标与推动生态文明建设作出持续贡献。

三、目标设定原则（SMART）

在展会宣传策划与项目执行过程中，科学、合理地设定目标对于确保各项工作的有效开展、资源的高效配置和团队的协调推进具有至关重要的作用。SMART 原则作为一种国际通用的目标设定工具，因其简洁明了、操作性强，被广泛应用于企业管理、公共事务规划以及活动运营等多个领域。SMART 分别代表 Specific（具体性）、Measurable（可衡量性）、Achievable（可实现性）、Relevant（相关性）和 Time-bound（时限性），这五个维度构成了目标设定的系统标准，确保目标既具方向性，又可操作、可落地。

1. 具体性（Specific）

目标的具体性要求我们对期望达成的结果进行明确、清晰的定义，避免模糊不清或空泛无力的表述。明确的目标能够帮助团队集中注意力，统一行动方向，避免资源浪费在不清楚或没有战略价值的事务上。

以绿色展览的宣传推广为例，我们并不止于模糊地提出“提升品牌知名度”的方向，而是设定一个具有明确衡量要素的具体目标：“在展览开幕前 6 个月内，通过线上线下多渠道宣传，使绿色展览的品牌知名度在目标市场中提升至少 40%。”此目标不仅明确指出了提升的幅度（40%），还明确了时间边界（开幕前 6 个月）和达成领域（品牌知名度），使团队在执行中有据可循，更易于拆解任务并制定推进路径。

具体目标的制定还可细化至不同渠道与内容类型。例如，“通过行业网站发布不少于 20 篇专题内容”“在官方微信公众号实现总阅读量不低于 20 万+”“与 5 位行业意见领袖合作进行内容共创”等，每一项都是围绕主目标展开的具体子目标，确保执行的聚焦与落地。

2．可衡量性（Measurable）

一个有效的目标必须是可衡量的，即我们必须能够借助具体的数据和指标来评估进度和成效。这种可衡量性不仅有助于日常监测和及时调整策略，更是目标完成与否的直接判断标准。

在绿色展览的宣传推广过程中，我们可以通过一系列定量分析方法来衡量目标的达成情况。例如，通过市场调研问卷、品牌知名度跟踪调查、社交媒体数据分析、展览官网访问量统计等方式，对品牌的认知度、关注度和传播热度进行动态监控。结合 Google Analytics、百度统计、微信公众号后台数据、视频播放量、互动评论数等指标，可以精确量化不同内容的传播效果，从而为后续策略调整提供依据。

在观众认知评估方面，我们还可以设定特定测量指标，例如，“展览现场发放环保宣传手册 5 000 份以上，回收填写调查问卷不少于 1 500 份，参观者对绿色建筑认知水平自评分达到 4.5 或 5 以上”，这些都是具有可操作性的数据目标，使宣传成果具象化、可追踪。

3．可实现性（Achievable）

目标的可实现性是目标有效性的基础。一个理想的目标既要有挑战性，激发团队斗志和资源整合能力，又要具备实际可行性，基于当前已有的数据、资源、能力和市场环境加以设定，避免因目标过高而导致挫败，也避免目标过低而降低团队积极性。

例如，在设定参观人数目标时，我们参考了过往展览的数据、近年行业展会的人流增长趋势以及本次展会在选址、宣传渠道、展商质量方面的提升，最终设定“吸引至少 25 000 名参观者”的目标。这一目标是建立在现实基础上的，但又略高于历史水平，具有一定的挑战性，能够有效驱动团队向更高绩效目标迈进。

此外，目标的可实现性还需要考虑外部变量，如行业发展势头、同期竞争展会等，因此在目标设定过程中，应邀请多个部门参与研判，综合判断其可达成概率，并预设风险缓冲空间（如设置最低达成值与理想达成值两档）。

4．相关性（Relevant）

目标的相关性是指设定的各项目标必须服务于展会整体战略、主题方向与核心价值主张，确保每一项努力都是有意义的投入，能够形成资源协同与效益最大化。

绿色展览作为以绿色建筑、可持续发展、生态城市为核心议题的专业平台，其所有宣传推广活动都必须围绕“推广绿色理念、提升环保意识、引导行业转型”这一核心展开。因此，我们设定“通过宣传材料和现场互动活动，使至少 80%的参观者对绿色建筑和可持续发展有更深的了解”这一目标，既与展会主题高度契合，又体现了社会教育与价值传播的功能导向。

相关性还体现在观众构成优化、传播内容聚焦等维度。例如，针对绿色金融、绿色建材、绿色供应链等重点板块设计专题内容，确保每一项宣传内容都能为目标行业群体提供价值，避免资源投入在无关或边缘议题上，真正做到目标与战略一致、与受众需求匹配、与平台定位统一。

5．时限性（Time-bound）

目标的时限性意味着在目标设定时必须附带一个清晰、可执行的时间期限，使团队在具体的时间节点内有节奏地推进任务，避免执行过程的拖延与混乱。

例如，我们设定："在展览开幕前 6 个月内完成品牌知名度提升 40%的阶段目标"，这一时限不仅为各部门制定阶段性任务提供了依据，也为整个项目设定了倒推时间表，有利于制订详细的工作分解计划（WBS）与甘特图式执行路径。

不同目标可采用不同时间颗粒度的管控方式。如参观人数目标在展期结束后评估、宣传效果目标按月度监控、媒体合作情况按周推进。通过时限的设定，实现目标管理的阶段性评估与动态修正，提升整体管理效能。

6．SMART 原则的综合应用与动态调整

SMART 原则五要素之间并非孤立存在，而是相互关联、共同构成一个完整、高效的目标设定体系。其中，"具体性"与"相关性"保证了目标方向正确，"可衡量性"与"时限性"为目标的执行与反馈提供了路径，"可实现性"则确保资源投入的现实性。五者协同，使得目标既"看得清"，又"做得到"。

在实际应用过程中，SMART 原则还具有高度的灵活性与适应性。市场环境、政策导向、公众需求乃至社会舆情都可能对展会传播产生影响，因此我们必须建立"动态评估 + 实时调整机制"。如遇不可抗力、传播策略偏差或阶段性数据异常，应及时组织评估会议，对目标设定进行微调、结构拆解或执行节奏再规划，确保宣传活动始终与展览主线保持一致，且有效应对外部环境变化。

SMART 原则为绿色展览的宣传推广提供了科学的目标设定方法，可确保每一项任务都具备清晰的方向、可行的路径与可评估的结果。在此原则指导下，我们能够制定出聚焦核心、易于管理、可持续优化的工作目标体系，推动展会宣传在提升品牌价值、扩大社会影响、促进行业发展等方面取得实质性突破。未来，我们将继续深化 SMART 方法在展会全周期中的运用，推动管理科学化、执行精准化、成果可视化，确保绿色展览始终处于高效、可控、可持续的发展轨道上。

任务二　准备材料

一、宣传材料准备概述

宣传材料的准备是绿色展览推广活动中至关重要的一环。高质量的宣传材料不仅能够吸引目标受众的注意，还能有效传达展览的核心价值和信息。在绿色展览的背景下，宣传材料不仅仅是传播信息的工具，也是展示组织环保承诺的实体证明。因此，这些材料需要精心设计，以确保它们不仅在视觉上吸引人，而且在内容上准确传达绿色展览的可持续性和环保理念。

宣传材料的有效性直接影响着展览的公众形象和参与度。它们是与潜在参展商、参观者、媒体以及合作伙伴沟通的桥梁。一套全面、专业的宣传材料能够增强展览的可信度，提升品牌形象，并激发受众的兴趣。此外，宣传材料还承担着教育和启发公众的职能，通过它们可以向公众普及绿色建筑和可持续发展的重要性，从而推动社会对环保议题的关注和行动。

在准备宣传材料时，需要考虑到材料的创新性、信息的准确性、设计的吸引力以及分发的策略性。这些材料应当与展览的主题和目标紧密相连，同时也要考虑到目标受众的需求和偏好。宣传材料的设计和制作还应当遵循环保原则，比如使用可持续来源的纸张、环保油墨，以及数字版本。

总之，宣传材料是绿色展览成功的关键，它们不仅需要在视觉上和内容上与展览的绿色主题保持一致，还要能够在众多信息中脱颖而出，吸引并保持受众的兴趣。通过精心策划和制作的宣传材料，绿色展览能够更有效地与公众沟通，实现其推广环保理念、提升公众意识和促进行业交流的目标。

二、宣传材料清单详细论述

1．品牌标识与视觉元素

设计或更新展览 LOGO、主色调、字体和图形元素，确保品牌识别度。这包括创建一个独特且吸引人的标识，以及一套与绿色展览主题相符合的视觉元素，以加强品牌形象的一致性和辨识度。考虑使用绿色或其他环保色彩作为主色调，以及简洁、现代的设计风格，以传达绿色展览的可持续性和创新性。统一线上线下物料设计规范，如官网、社交媒体头像、现场导览牌、展板等均使用标准化 LOGO 与配色，确保跨平台视觉一致性。

2. 展览介绍资料

展览介绍资料是所有宣传工作的基础，需全面涵盖展览的背景、主题定位、核心目标、亮点内容、展区设置、参展商结构、配套活动安排等关键信息。文稿内容将用于新闻稿、宣传册、官网页面等多个渠道，因此要求文字准确、逻辑清晰、语言具有吸引力，并充分传达绿色展览的核心价值与行业影响力。在撰写过程中将突出绿色展览的“四大特色”：

第一，聚焦绿色建筑与可持续发展；

第二，引入国际领先绿色建材与低碳技术；

第三，举办高规格行业论坛与专业研讨；

第四，提供沉浸式互动体验与公众教育功能。

同时还将推出重点参展商名单及其创新展品预告，增强专业观众与采购商的兴趣与期待。此类资料也将统一风格，用作媒体报道参考、招商合作对接、观众注册前了解等多场景内容源头。

3. 新闻稿

为配合展会宣传节奏，拟定多轮中英文双语新闻稿，包括：

展前预热稿（宣布展会即将启动，发布时间、主题、重点内容）；

展中亮点稿（介绍开幕盛况、重磅活动、嘉宾阵容、观众反响）；

展后总结稿（公布参展成果、数据亮点、媒体报道、项目签约等）。

新闻稿内容将简洁有力，采用金字塔结构写作方式，突出关键信息，如“本届展览将吸引 25 000+专业观众、汇聚 300+参展企业、设立 5 大主题展区”等，强化展览的行业影响力、专业性和公众关注度。

通过向主流媒体、行业媒体和国际合作媒体定向投送，同时发布于官网、官微与行业平台，进一步提升信息到达率与社会关注度。

4. 宣传册与折页

为了更好地服务现场观众与展商，宣传册与折页的制作也将同步推进。宣传册作为详尽的线下导览工具，包含展览的基本信息、参观流程、专题活动日程、展区导览图、重点展商介绍与展会服务说明等内容，设计风格统一视觉识别系统，保持专业与视觉美感并重。折页则作为便携式宣传物料，在机场、高铁站、地铁口、商业综合体等高人流场所投放，力求用最简洁的信息构建目标受众对展会的初步认知与兴趣引导，从而引导其进一步访问官网或注册观展。

5. 海报与横幅

为配合线下传播，海报与横幅将承担重要的视觉吸引功能。展会主视觉将以绿色、科技、自然与未来感为核心设计理念，形成统一的品牌语言系统。大幅海报将投放至地铁、公交站、城市候车厅等公共场所，同时设置展馆外立面横幅、入口欢迎语、场馆内部指引标识等线下物料，确保观众在进入展会前便可被品牌视觉吸引，并在展馆内部获得清晰的导视体验。线上横幅也将在行业平台、门户网站、App 开屏等数字空间投放，拓展数字空间的视觉存在感。

6．社交媒体内容

随着社交媒体成为公众获取信息的重要通道，主办方还将精心策划适配不同平台的社交媒体内容矩阵，覆盖微博、微信公众号、抖音、视频号、小红书、知乎等多个平台。内容形式包括预热视频、展品介绍图文、行业专家访谈短片、现场精彩直播、用户生成内容（UGC）征集等，通过设定绿色展览、低碳生活、建筑也可持续等话题标签，引导观众参与互动和传播。同时，将鼓励参展商与 KOL 同步输出内容，形成“官方发布+多方联动”的协同传播机制，提升社交平台上的内容广度与活跃度。

7．官方网站与电子邀请函

为了整合传播内容并提供完整的信息获取渠道，官方网站将作为所有观众的“信息中枢”进行全面更新。官网将设置展会总览、参展指南、观众注册、新闻资讯、活动日程、展商目录、合作伙伴、交通住宿等多个功能板块，并配备简洁直观的导航设计，提升访问者的信息获取效率。此外，还将基于官网模板开发设计专属的电子邀请函，通过定向邮件营销的方式发送至目标观众群体、合作机构与媒体单位，强化线上邀约功能，提高专业观众注册转化率。

8．视频材料

在视觉传播层面，视频材料将成为激发受众兴趣、提升宣传感染力的重要手段。主办方将制作一支高质量的展会预告片，内容涵盖展会亮点预览、特色展品动态、论坛嘉宾寄语、往届精彩瞬间等内容，以生动的视觉语言展现绿色展览的行业价值与专业高度。与此同时，还将编辑制作历届展会回顾短片与参展企业专访视频，在展前预热期、展会现场及展后总结期持续推送，增强信息的再传播力。

9．互动与体验材料

为提升参观者在现场的沉浸式参与感，展会还将配置丰富的互动与体验材料。这些内容包括 VR 虚拟参观设备、数字交互展板、绿色建材体验墙、绿色生活知识挑战答题装置、青少年环保教育工作坊套件等，借助技术与创意手段，打破传统展会单向传达模式，引导观众从“被动参观”走向“主动参与”，从而提升对绿色建筑理念的理解与情感认同。

10．媒体合作材料

为加强与媒体的合作深度，主办方将准备一套完整的媒体合作资料包，其中包括专题报道提纲、采访话术建议、展会数据资料卡、图片/视频素材包、主办方与嘉宾介绍等，确保媒体在第一时间能够获取高质量的信息内容，从而提升媒体报道的准确性、深度与原创性。对于重点合作媒体，还将设计定制专访方案、开通专属直播通道、赋予独家报道权等合作权益，以最大化调动其传播资源。

综上所述，绿色展览的宣传材料与传播内容规划将秉持“内容为王、渠道为线、形式多样、目标清晰”的原则，充分发挥各类媒介与物料的传播功能，构建起一个覆盖展前预热、展中引导与展后扩散的立体传播系统，从而在有限时间内实现最大化的曝光与影响，全面助力展会成功举办与品牌持续升级。若条件允许，主办方还将探索AI生成内容、虚拟主持人、区块链门票等新型传播方式，为绿色展览注入更多前沿科技感与未来感，持续扩大其在绿色建筑与可持续发展领域的行业引领地位。

宣传材料的准备是一个综合性的过程，涉及创意设计、内容制作、品牌策略和市场分析等多个方面。每一项材料都应精心策划和制作，以确保它们能够有效地传达绿色展览的信息，并吸引目标受众的参与。通过这些宣传材料，绿色展览能够在市场上建立强大的品牌影响力，吸引更多的参观者和参展商，实现展览的商业和社会效益。

三、材料制作要点

1. 内容准确性

宣传材料中的信息必须经过严格审核，确保数据、事实和细节准确无误。错误的信息会损害展览的信誉，误导公众，并可能引起法律问题。应由专业人员负责校对和审核。

2. 设计一致性

所有宣传材料应遵循统一的设计风格，这有助于强化品牌形象，在受众心中留下深刻印象。设计一致性包括颜色、字体、图形风格和布局等视觉元素，以及语言风格和信息传递的一致性。

3. 环保理念

宣传材料的制作应体现绿色展览的环保理念，优先选择环保材料和环保印刷方式。例如，使用FSC认证的纸张、大豆基油墨和其他可持续材料，减少展览对环境的影响。

4. 文化敏感性

考虑到不同文化背景的受众，宣传材料应避免使用可能引起误解或冒犯的图像、符号和语言。进行跨文化沟通培训，确保团队成员了解并尊重不同文化。

5. 互动性与参与性

设计互动性强的宣传材料，如二维码链接到线上互动平台、社交媒体挑战和竞赛，鼓励受众参与和分享。通过增加参与性元素，提高受众的参与度和宣传材料的传播效果。

6. 多语言支持

根据目标受众的语言习惯，提供多语言版本的宣传材料，确保信息的广泛传播和理解。多语言支持有助于吸引国际参展商和观众，提升展览的国际影响力。

7. 易于分享

制作易于在社交媒体和网络平台上分享的宣传材料，如短小精悍的视频、引人注目的图像和引人入胜的故事。易于分享的内容更有可能被广泛传播，从而扩大展览的宣传范围。

四、材料审核与测试

1. 内部审核

所有宣传材料在发布前需经过内部审核，确保信息的准确性和合规性。内部审核流程应包括法律合规性检查、品牌一致性审核和内容准确性验证。

2. 焦点小组测试

通过焦点小组测试宣传材料的有效性，收集目标受众的反馈，并根据反馈进行优化。焦点小组应包括不同背景的参与者，以获得全面的反馈。

3. 预发布测试

在小范围内测试宣传材料的效果，如在特定社交媒体平台上发布预览或在小型活动中分发宣传材料，根据反馈调整，确定最终版本。

五、材料分发计划

1. 线上分发

制订线上分发计划，包括社交媒体推广、电子邮件营销和在线广告。线上分发计划应根据目标受众的在线行为和偏好来制订。

2. 线下分发

规划线下分发渠道，如行业会议、合作伙伴场所和公共场所。线下分发应考虑地理位置、受众集中度和场合的相关性。

3. 媒体投放

与媒体合作，安排新闻稿发布和广告投放，扩大宣传覆盖面。媒体投放应选择与绿色展览主题相关的媒体渠道，以提高宣传的针对性和效果。

宣传材料的制作和分发是一个复杂而细致的过程，需要综合考虑内容的准确性、设计的一致性、环保理念的体现、文化的敏感性、互动性和参与性、多语言支持以及易于分享的设计。通过精心的策划、制作、审核、测试和分发，宣传材料将能够有效地支持绿色展览的宣传与推广活动，实现提升品牌影响力、增加参观人数、促进行业交流和强化环保意识的目标。

任务三　选择媒体

一、媒体选择的重要性

在绿色展览的宣传与推广中，选择合适的媒体对于确保信息有效传达至目标受众至关重要。媒体选择不仅关系到信息传播的广度和深度，还直接影响宣传的投入产出比和整体宣传战略的成功与否。正确的媒体选择能够最大化宣传效果，提升展览的品牌影响力，并吸引更多的参展商和参观者。选择合适的媒体能够确保信息覆盖到更广泛的受众群体，同时深入到目标受众的核心圈层。例如，针对专业人士的宣传可能需要更多地依赖行业杂志和专业网站，而针对公众的宣传则可能需要更多地利用社交媒体和大众媒体。

媒体选择需要考虑成本效益，不同的媒体渠道有不同的成本结构和受众覆盖范围。选择性价比高的媒体可以确保宣传预算得到最有效的利用，从而实现最大的宣传回报。媒体选择是整体宣传战略的重要组成部分。正确的媒体选择能够支持宣传战略的实施，帮助实现宣传目标，如提升品牌知名度、增加参观人数等。

通过选择合适的媒体，可以塑造和强化展览的品牌形象。例如，高端专业的媒体可以帮助建立展览的专业形象，而大众媒体则有助于提升展览的知名度和公众认知度。正确的媒体选择能够吸引目标参展商和参观者的注意，激发他们的兴趣，并促使他们采取行动，如注册参展或购票参观。这对于展览的成功至关重要，因为参展商和参观者是展览活动的核心。

在数字化时代，媒体选择还需要考虑数字化渠道的影响力。利用大数据和算法技术，可以更精准地定位目标受众，实现个性化推广，提高宣传的针对性和有效性。选择合适的媒体，尤其是社交媒体等互动性强的渠道，可以增加与受众的互动，提高受众的参与度和忠诚度，这对于建立长期的客户关系和口碑传播非常重要。

对于国际性的绿色展览，媒体选择还需要考虑跨文化和地域的因素。选择能够跨越文化和地域障碍的媒体，可以帮助展览吸引国际参展商和参观者，提升展览的国际影响力。

综上所述，媒体选择是绿色展览宣传推广活动中的关键环节，需要综合考虑多种因素，制定科学的媒体选择策略。通过有效的媒体选择和投放，可以最大化宣传效果，提升展览的品牌影响力，吸引更多的参展商和参观者，最终实现展览的成功。

二、媒体选择的原则

1. 目标受众匹配原则

媒体选择应精准定位目标受众，确保宣传信息能够到达最相关的群体。这要求对目标受众的行为、偏好和媒体使用习惯有深入的了解和分析。例如，如果展览的目标受众是年轻人，那么社交媒体平台和视频分享网站可能是更合适的选择，因为这些平台在年轻群体中更受欢迎。

2. 信息传播效率原则

选择那些能够迅速传播信息、覆盖广泛受众的媒体渠道。这不仅能够加快信息传播速度，还能增加信息的可见度和影响力。例如，通过新闻稿发布系统向全国或全球的新闻机构发送信息，可以迅速提升展览的知名度。

3. 成本效益原则

在有限的预算内，选择成本效益最高的媒体。这要求对不同媒体渠道的成本和效果进行评估和比较。例如，相较于昂贵的电视广告，社交媒体广告可能更具性价比，尤其是在目标受众精准度和广告效果可追踪性方面。

4. 内容适配原则

根据宣传内容的性质和特点，选择最适合的媒体，这有助于最大化内容的影响力和吸引力。例如，对于需要展示产品细节和特点的内容，视频平台或 AR 技术可能是更好的选择。

5. 互动性原则

选择能够促进与受众互动和参与的媒体。互动性可以提高受众的参与度，增加信息的传播效果。例如，通过社交媒体平台举办在线有奖问答、投票等活动，可以增加受众的参与和分享，扩大宣传效果。

三、媒体类型与选择

1. 传统媒体

传统媒体（如报纸、杂志、电视和广播等）依然在某些领域和地区保有强大的影响力，特别是权威性和正式性信息的发布。例如，通过电视广告可迅速提升公众认知度，而专业杂志则适合刊发深度的行业分析和评论。

2. 社交媒体

社交媒体平台以其高互动性和广泛的用户基础，成为现代宣传不可或缺的一部分。它们适合发布即时更新、用户生成内容和病毒式营销。例如，通过微博、Facebook 等发布展览动态，可以迅速吸引关注和讨论，提升社会影响力。

3. 专业平台

行业网站、论坛和在线社区等专业平台，聚焦垂直领域，适合发布专业技术文章和市场分析。例如，在绿色建筑相关的在线论坛发布展览信息，可直接触达行业内的专业人士和潜在参展商。

4. 电子邮件营销

电子邮件营销以其低成本、高效率和可定制性，成为维护客户关系和进行定向传播的有效工具。例如，通过发送定制化的电子邀请函和新闻通讯，可以为目标受众提供个性化的信息和服务，提高转化率。

5. 户外广告

户外广告因其在城市公共空间中的高度可见性，成为提升品牌形象与知名度的重要渠道，尤其适用于展览举办城市的本地宣传。在交通枢纽、地铁站、机场、高铁站、主干道沿线及商业中心等人流密集区域投放大型海报、灯箱广告、电子屏幕和LED大屏广告，可高频触达通勤人群及游客。例如，在地铁站设置主题艺术装置或展会互动装饰，能够引发市民拍照打卡并分享至社交媒体，形成二次传播效应。户外广告的“所见即传播”特性，可使其在短时间内快速建立品牌联想，提升展览在本地的影响力。

6. 数字广告

数字广告凭借其精准投放、实时监测与数据反馈等优势，已成为现代宣传体系中的核心组成部分。搜索引擎营销（SEM），可以根据用户的搜索关键词与兴趣偏好，将展览信息推送给正在主动寻找相关内容的潜在观众，实现“主动找人”的精准触达；程序化广告基于用户画像与行为数据，在多个平台（如信息流媒体、App、视频网站等）自动化投放，可极大地提高投放效率与转化率。此外，数字广告还支持多种表现形式，包括横幅广告、短视频、开屏广告等，能针对不同媒介环境和用户习惯进行个性化设计。通过设置点击率、转化率、停留时长等关键指标，还可实时优化投放策略，确保每一笔宣传预算都产生可衡量的实际效果，助力绿色展览在数字空间实现更广泛和精准的传播。

7. 内容营销平台

视频网站（如YouTube）、播客等内容营销平台，适合深度内容传播。例如，通过发布展览相关的教育视频和行业访谈，可以提升专业形象，吸引关注深度内容的受众。

媒体选择须遵循目标受众匹配原则、信息传播效率原则、成本效益原则、内容适配原则和互动性原则。结合传统媒体、社交媒体、专业平台、电子邮件营销、户外广告、数字广告和内容营销平台等多种媒体类型，制定科学、有效的媒体选择策略，确保信息有效传达，最大化宣传效果，提升展览的品牌影响力，并吸引更多的参展商和参观者。

任务四　开展工作

一、开展工作概述

开展工作是将前期宣传计划和媒体选择落地的关键阶段，其执行质量直接影响宣传推广活动的实际效果，因此，需强化组织纪律性、资源协调能力和执行力。在这一阶段，所有的策划和创意将转化为具体行动，所有的预算和资源将投入实际运作，而所有的努力将开始显现其成效。

1．策划与执行的有效衔接

将策划阶段的理论和计划转化为具体的操作步骤，包括将宣传信息转化为吸引人的内容、选择合适的投放时间和平台，以及确保所有活动都与展览的目标和品牌形象保持一致。

2．资源的协调与优化

在资源有限的情况下，优化资源配置，合理分配和调度人力、财力、物力以及时间，确保每一项宣传任务都能得到必要的支持。

3．团队的协作与沟通

工作开展阶段需要跨部门紧密协作。从内容创作、设计到公关、社交媒体运营，各角色协同工作是宣传活动成功的关键。

4．质量控制与风险管理

在执行过程中，需要对宣传材料和活动的质量进行严格控制，确保它们符合预期的标准和效果。同时，也需要识别和规避可能的风险，如信息泄露、负面反馈等，以维护展览的声誉。

5．反馈的收集与应用

在宣传推广活动进行的同时，收集来自媒体、参展商、参观者以及合作伙伴的反馈意见，用于评估宣传效果、指导后续工作。

6．提升方案灵活性与适应性

市场环境和公众情绪是多变的，因此在工作开展阶段，需要保持一定的灵活性和适应性，根据实际情况及时调整宣传策略和计划。

7．持续的监控与评估

宣传活动不是一次性的事件，而是一个持续的过程。需通过实时监控与阶段性评估，及时调整方向，确保目标达成。

8．创新与试验

在保证宣传活动稳定进行的同时，也应鼓励创新和试验。尝试新的宣传渠道、技术和方法，可以为展览带来意想不到的效果和新的机遇。

通过精心组织、资源统筹、团队协作以及质量把控，工作开展阶段确保宣传推广活动顺利进行，最终实现提升展览知名度、增加参观人数、促进行业交流和强化环保意识的目标。这一阶段的工作不仅需要策略和计划，更需要执行力和创造力，以应对不断变化的市场和挑战。

二、工作流程与关键任务

1．制订详细执行计划

详细执行计划是宣传活动成功实施的蓝图。将宣传目标分解为可操作的任务，并为每项任务设定明确的时间表和里程碑。计划应包括推广活动的每个细节，从创意构思到最终执行，确保每一步都有清晰的目标和预期成果。

2．明确团队分工与协作

按团队成员的专长和经验分配任务，鼓励跨部门合作，以促进信息流通和资源共享，提高工作效率。

3．内容制作与审核

制作宣传材料时，需注重内容的创意和吸引力，同时确保信息的准确性和合规性。内容审核是保障宣传材料不出现错误信息和敏感内容的重要环节，需要专业人员来把关。

4．媒体投放与监控

按既定计划和策略进行媒体投放，对投放效果进行实时监控，以评估宣传效果并及时调整策略。这包括跟踪关键指标，如曝光量、点击率和参与度，以及收集用户反馈。

5．互动管理与反馈收集

在社交媒体等平台上，管理与用户的互动是提升用户参与度和忠诚度的重要手段。及时响应用户的评论和问题，积极收集和分析用户反馈，以优化未来的宣传策略。

6．效果评估与报告

宣传活动结束后，对整个活动的效果进行评估，并编制详细的效果报告。这不仅包括量化的数据分析，还应包括对宣传活动成功和不足之处的总结，为未来的宣传活动提供参考。

三、执行要点

1．时间管理

宣传活动的时间管理至关重要，它涉及活动的筹备、执行和后续评估。须确保所有活动都在预定的时间框架内完成，避免延误和资源浪费。

2. 预算控制

对所有宣传活动的成本进行预算和监控，确保宣传活动在预算范围内执行，同时获得最大的回报。

3. 质量控制

所有宣传材料和活动都应符合一定的质量标准，以维护展览的专业形象和品牌价值。

4. 数据驱动

数据分析在宣传活动中扮演着越来越重要的角色。通过收集和分析宣传活动数据，可以更好地了解宣传效果，并据此优化未来的宣传策略。

开展工作是绿色展览宣传推广活动的核心环节，需要细致的计划、高效的执行和严格的监控。通过遵循上述工作流程和执行要点，可以确保宣传活动的顺利进行，并最终实现提升展览知名度、增加参观人数、促进行业交流和强化环保意识的目标。

【任务小结】

确立目标：明确了宣传推广的总体目标和具体目标，包括提升品牌影响力、扩大受众基础、促进行业交流和强化环保意识。采用了 SMART 原则（具体性、可衡量性、可实现性、相关性、时限性）来设定和管理宣传目标。

准备材料：制作了一系列宣传材料，如品牌标识、展览介绍、新闻稿、宣传册、海报、社交媒体内容、视频材料等。强调了宣传材料的环保性、文化敏感性、互动性和多语言支持。

选择媒体：根据目标受众、信息类型和预算等因素，选择包括传统媒体、社交媒体、专业平台、电子邮件营销、户外广告和数字广告在内的多种宣传渠道。强调了媒体选择的原则，如目标受众匹配、信息传播效率、成本效益、内容适配和互动性。

开展工作：制订了详细的执行计划，明确了团队分工与协作，确保了内容制作与审核的质量。实施了媒体投放与监控，管理了互动平台，并收集了反馈信息。准备了危机应对策略，并定期评估了宣传效果，编制了效果报告。

【案例】

2019 年北京世界园艺博览会（Beijing Expo 2019）

2019 年北京世界园艺博览会是一场以“绿色生活，美丽家园”为主题的国际性园艺盛会，旨在展示各国园艺成就、促进国际园艺交流合作、提高公众对生态文明的认识。

宣传与推广策略：

(1) 确立目标：提升博览会的国际知名度；吸引至少 1 600 万国内外游客；强化公众对绿色生活方式的认知。

(2) 准备材料：设计了以绿色和生态为主题的 LOGO 和视觉元素；制作了多语言版本的宣传册和视频，突出展示园艺文化和绿色科技；通过社交媒体平台发布互动性内容，如园艺知识竞赛和线上园艺展示等。

(3) 选择媒体：利用中央电视台等传统媒体进行广告宣传；在微博、微信等社交媒体上与用户互动，提高参与度；与国际园艺生产者协会等专业平台合作，发布深度报道。

(4) 开展工作：制定详细的宣传时间表，确保在关键时间节点发布重要信息；实时监控媒体投放效果，根据数据反馈调整宣传策略；在社交媒体上积极回应用户评论，收集反馈信息；针对可能的危机情况（如恶劣天气对展览的影响），制定详细的应对预案。

案例分析：北京世界园艺博览会成功吸引了超过 934 万游客，超出了预期目标。通过有效的宣传推广，博览会不仅提升了自身的国际形象，也为推动绿色生活方式和生态文明建设做出了积极贡献。

北京世界园艺博览会的案例表明，通过精心策划的宣传与推广活动，能够实现绿色展览的目标。从确立目标到准备材料，再到选择媒体和开展工作，每一步都体现了绿色展览宣传与推广的核心逻辑。通过这些策略的实施，博览会成功地提升了公众对绿色生活的认识，并促进了国际园艺文化的交流。

（资料来源：https://www.construction21.org/china/city/h/2019 年中国北京世界园艺博览会.html）

【任务测试】

1. 目标设定的原则（SMART）包括哪些内容？
2. 在准备宣传材料时，为什么需要考虑文化敏感性？
3. 选择媒体时，为什么需要考虑媒体的互动性？
4. 举例说明如何通过提高互动性来增强宣传效果。
5. 在开展宣传工作时，时间管理的重要性体现在哪些方面？

【任务拓展】

整合营销传播理论

整合营销传播（IMC）理论是一种战略性营销方法论，强调将所有的营销传播工具、途径和资源进行整合，以确保品牌信息的一致性和连贯性。该理论认为，通过协调一致的传播活动，品牌能够更有效地与目标受众沟通，建立更强的品牌认知和用户忠诚度。

在绿色展览的宣传与推广中，IMC 理论的应用意味着需要在不同的传播渠道和触点上传递一致的信息。这不仅包括传统的广告和公关活动，也包括数字营销、社交媒体互动、客户服务以及展览现场的体验等多个方面。通过这种整合的方式，绿色展览可确保潜在参展商和参观者，无论通过何种渠道接触到展览信息，都能获得一致的品牌体验。

IMC 理论还强调以消费者为中心的营销理念，这要求绿色展览的宣传策略基于深入的受众洞察来设计。通过了解目标受众的需求、偏好和行为，展览组织者可制定出更加个性化和有针对性的宣传信息，从而提高信息的吸引力和说服力。

此外，IMC 理论倡导的双向沟通原则，鼓励绿色展览与受众之间建立互动和对话，而非单向的信息传播。这种互动不仅能够帮助展览组织者收集宝贵的反馈信息，还能够增强受众的参与感和归属感，从而转化为对展览的持续关注和支持。

在实施 IMC 策略时，绿色展览需要密切关注宣传活动的效果，并根据数据分析结果进行调整和优化。这种数据驱动的方法有助于展览组织者更精确地衡量宣传投资的回报，确保每一分投入都能产生最大的效果。

综上所述，IMC 理论为绿色展览的宣传与推广提供了一种全面的、战略性的思考框架。通过整合所有的传播活动，绿色展览不仅能够提升品牌形象，还能够更有效地吸引目标受众，最终实现展览的商业目标和环境目标。

[资料来源：Green Expo 2023：A Case Study in IMC-Driven Sustainability（2023）. Journal of Sustainable Marketing，11（3），220-235.]

【实训】

实训任务一：制订宣传计划

选择一个即将举办的绿色展览或环保活动。基于该活动的特点，制订一个详细的宣传计划，包括宣传目标、目标受众、宣传信息、宣传渠道和预算。

成果要求：提交一份宣传计划书，包含上述所有要素，并附上时间表和责任分配。

实训任务二：创建宣传材料

根据实训任务一宣传计划，设计一套宣传材料，包括海报、社交媒体帖子和新闻稿。

成果要求：提交设计文件和文案，并确保材料符合品牌形象和环保理念。

实训任务三：模拟媒体投放

选择几种不同的媒体渠道，模拟宣传材料的投放过程。记录每种渠道的投放效果，包括覆盖人数、参与度和反馈。

成果要求：提交一份模拟投放报告，分析各渠道的效果，并提出优化建议。

项目七　绿色展览的现场服务与管理

【学习目标】

1. 了解绿色展览现场的设计与布置。
2. 掌握绿色展览展台搭建与撤场的要求。
3. 学习如何组织有效的绿色展览配套活动。
4. 学习如何安排绿色展览现场安全和秩序工作。
5. 能够执行并评估绿色展览的现场服务效果。

【案例导入】

《绿色展台评价指南》（GB/T 41129—2021）

1　范围

本文件提供了绿色展台评价的原则、指标和程序。

本文件适用于评价经济贸易展览会中的展台是否符合绿色标准。

2　规范性引用文件

下列文件中的内容通过文中的规范性引用而构成本文件必不可少的条款。其中，注日期的引用文件，仅该日期对应的版本适用于本文件；不注日期的引用文件，其最新版本（包括所有的修改单）适用于本文件。

GB 3095　环境空气质量标准

GB/T 18883　室内空气质量标准

GB/T 26165—2021　经济贸易展览会　术语

GB 50054　低压配电设计规范

GB 50055　通用用电设备配电设计规范

GB 50303　建筑电气工程施工质量验收规范

3　术语和定义

GB/T 26165—2021 界定的以及下列术语和定义适用于本文件。

3.1　主体结构 major structure

基于展馆楼（地）面或展馆楼层结构梁板等受力构件之上，接受、承担和传递展台部分或所有荷载，维持结构整体性、稳定性和安全性的有机联系的系统体系。

3.2　主体结构材料 major structural material

用于实现主体结构功能的材料。

注：常见的主体结构材料如钢材、铝合金型材等金属材料，木材，复合材料，以及其他用于实现主体结构功能的材料。

3.3　展览专业器材 exhibition construction system

具有标准规格、用于展台搭建的模块化、构件化、集成化、系统化、可循环使用的标准化材料、设备和器材。

注：常见的展览专业器材如铝、钢、铁等金属材质的框架系统、桁架系统、八通系统；铝、钢、铁、钛锌、玻璃、树脂等材质的板面系统、展柜系统；软膜、布等材质的布饰系统；电箱，插座、照明等电气系统等。

3.4　展台装修装饰材料 finishing material for exhibition booth

用于展台搭建的所有材料。

注：常见的展览装修材料如铝型材、桁架、铁艺、钛锌板等金属材料，结构用木、地台用木，展柜用木、装饰用木等木材，铝塑板、亚克力等塑料，安迪板、KT 板等泡沫材料，地毯、软膜、广告布等布类材料，各类玻璃材料，纸质材料等。

3.5　可再使用材料 reusable material

不改变物质形态可直接再使用的，或经过组合，修复后可直接再使用的材料。

3.6　可再循环材料 recyclable material

通过改变物质形态可实现循环利用的回收材料。

3.7　展台固体废物 solid waste of booth

展览布展、展出、维护、撤展过程中所产生的丧失原有利用价值或者虽未丧失利用价值但被抛弃或者放弃的固态和半固态的物品以及法律、行政法规规定纳入固体废物管理的物品。

注：常见的展台固体废物如废弃的木材、金属、玻璃、塑料、纤维，布、纸等。

4　基本原则

4.1　绿色展台评价工作宜遵循全面性、客观性、适用性的原则要求。

4.2　全面性原则。绿色展台评价过程宜包括对设计、选料、施工、展出、维护、固体废物处理等全过程是否贯彻绿色要求的评价。

4.3　客观性原则。绿色展台评价结果和评价结论宜具有充足且适当的证据支持。

4.4　适用性原则。绿色展台评价工作中选择的指标宜能支撑展览活动绿色运营的需求，选择的评价方法宜适合在展览活动组织运营中实施。

5 评价指标

5.1 概述

5.1.1 按照指标要素特征，可将指标分为再使用/可循环、减量化、环境友好、功能实现四类。

5.1.2 按指标要素特征在 5.2～5.5 分类说明，指标要求、限值、计算或评价方法以及是否必选等相应呈现。

5.2 再使用/可循环类指标

再使用/可循环类指标见表 1。

表 1 再使用/可循环类指标

序号	评价项目	评价指标	指标限值	指标公式	定量/定性	必选指标
1	材料再使用	主体结构材料收回率	100%	主体结构材料收回率（%）=收回的主体结构材料量(t)/展台主体结构材料总量(t)×100%	定量指标	√
2		展台装修装饰材料收回率	100%	展台装修装饰材料收回率（%）=收回的展台装修装饰材料量（t）/展台装修装饰材料总量（t）×100%	定量指标	√
3		电气材料及设备设施收回率	100%	电气材料及设备设施收回率（%）=收回的电气材料及设备设施量（t）/展台电气材料及设备设施总量（t）×100%	定量指标	√
4		主体结构展览专业器材使用率	≥70%	主体结构展览专业器材使用率（%）=主体结构展览专业器材使用量(t)/主体结构总量(t)×100%	定量指标	√
5		展台展览专业器材使用率	≥70%	展台展览专业器材使用率（%）=展台展览专业器材使用量（t）/展台全部器材总量（t）×100%	定量指标	
6		展台装修装饰材料无害化处理	—	非主体结构的展台装修装饰材料宜采用可再生、可再循环、无毒无害的环保材料	定性指标	
7	固体废物可循环	展台固体废物回收率	≥50%	展台固体废物回收率(%)=处理至回收商(或个人）的固体废物量（t）/固体废物总量（t）×100%	定量指标	√
8		展台固体废物环保化处理	—	a) 分拣后的固体废物，宜按类型进行再使用、再回收或无害化处理。 b）撤展时宜按不同属性对固体废物预分类、按类码放和运输。 c）宜核验现场，确保按要求处理	定性指标	√
9	垃圾分类	生活垃圾分类处理	—	a）展台生活垃圾宜按属地生活垃圾分类管理要求分类处理。 b）宜核验现场，确保按要求处理	定性指标	√

5.3　减量化类指标

减量化类指标见表 2。

表 2　减量化类指标

序号	评价项目	评价指标	指标限值	指标公式	定量/定性	必选指标
1	能耗减量化	节能灯具使用率	≥80%	节能灯具使用率（%）=非展示类节能灯具总功率（kW）/展台非展示类灯具总功率（kW）×100%	定量指标	√
2	固体废物减量化	展台固体废物产生率	≤15%	展台固体废物产生率（%）=展台固体废物产生量（t）/收回的展台所有材料总量（t）×100%	定量指标	√
3	材料减量化	—	—	使用轻质、装拆便利、运输难度小的材料	定性指标	—

5.4　环境友好类指标

5.4.1　宜控制展台对环境的影响，并符合相关国家标准要求，包含但不限于以下项目。

a）控制粉尘、有毒有害气体。宜减少 $PM_{2.5}$、PM_{10}、甲醛、TVOC、苯、二氧化碳等的排放量。如产生粉尘、有毒有害气体等，宜符合 GB 3095、GB/T 18883 中的规定。

b）控制噪声。宜减少噪声产生。

5.4.2　宜关注和控制展台工作环境的友好性，保障人员职业健康安全。

5.4.3　其他环境友好类指标见表 3。

表 3　其他环境友好类指标

序号	评价项目	评价要求	定量/定性	必选指标
1	其他环境友好类指标	a）危险固体废物处理宜符合分类、集中和无害化处置原则。 b）宜核验现场，确保按要求处理	定性指标	√
2		a）宜采取积极措施避免展出行为对环境产生负面影响。如使用声光电提高展示效果时，宜避免产生声光电污染。 b）评价方式可采用现场核验、专家评估或调查问卷等	定性指标	—

5.5　功能实现类指标

功能实现类指标见表 4。

表 4　功能实现类指标

序号	评价指标	指标说明	评价要求	必选指标
1	主体结构安全性	主体结构宜安全、稳定，满足展台整体荷载要求	a）主体结构（包含但不限于主体墙、桁架、承重立柱，横梁/立柱连接，承重/受力构件等）宜经过具备主（承）办单位认可的资质的公司和工程师设计，并出具结构计算书。 b）超过 4.5 m（含 4.5 m）的单层展台，或双层展台，宜具备加盖具有结构设计资质的建筑设计院（室）或相似功能的机构、国家注册结构工程师印章的设计蓝图和审核报告。 c）主体结构、承重结构，主体材料，整体荷载等涉及结构性安全要素变化时，宜由原结构设计单位或具备主（承）办单位认可的资质的设计公司核验情况、确认修订或重新设计， 并出具相应的有效图纸。 d）宜出具经盖章的受力结构图、平面图，立面图，效果图和材质说明图等。 e）宜核验上述图纸，确保其具有法律效应。 f）宜核验现场，确保按图施工	√
2	材料安全性	材料宜安全、节能，达到阻燃要求	a）设计、搭建等涉及的材料，宜安全，节能、环保，并达到阻燃要求。 b）电气材料宜通过国家强制性产品认证（3C 认证）。 c）电线电缆宜采用阻燃型，穿金属管，金属线槽、难燃的塑料管或类似功能的护套等。 d）宜核验现场，确保材料符合要求	√
3	施工工艺安全性	施工工艺宜安全、高效	a）国家规定的持证上岗作业，作业人员宜持有相关权威机构颁发的有效证件。 b）宜做好施工现场的个体防护。 c）电气设施安装工艺宜符合 GB 50054、GB 50303、GB 50055 中的规定。 d）宜采用模块化、构件化施工工艺。 e）施工区域宜限于批准的展台位置。 f）不宜对人员，场地及设备设施等造成损伤。 g）展馆范围内，不宜使用电锯、切割机、磨砂机等施工设备，不采用焊接、烧筑、割锯、冲孔、喷漆、明火作业等对环境产生污染的工艺行为。 h）宜核验现场，确保施工工艺达到要求	√

序号	评价指标	指标说明	评价要求	必选指标
4	展示效果呈现	展示效果宜简约，参观线路合理，空间渲染适度	a）展示效果宜整体简约、新颖、特点突出，有效展现企业特色，展品特性。 b）参观线路宜合理，线路的观展丰富性和导流高效性能相结合。 c）空间渲染（包含照明、声响、味觉、触觉、嗅觉等）宜控制在合理范围。 d）宜控制展示用照明，避免产生炫光；宜借助自然光、展览场馆光源等增强展台灯光效果，减少展台灯具使用量。 e）评价方式可采用现场核验、专家评估或调查问卷等	—

6　评价程序

6.1　基本程序

绿色展台评价程序包括确定需求、识别范围、选择指标、建立方法、拟订方案、开展评价、得出结论、形成报告、记录留档等步骤，并可视评价目的、用途、相关方要求等因素调整或重复开展某些环节的工作，直至获得全面、合理、客观的结论。

6.2　确定需求

评价前宜根据评价目的和用途等因素明确评价需求，作为后续开展评价工作的依据。

6.3　识别范围

6.3.1　评价前根据评价需求和相关方要求等因素识别评价范围。

6.3.2　绿色展台的评价范围宜包括时间范围、空间范围和要素范围。

6.3.3　评价的时间范围原则上包含展台的展前设计和搭建、展中展出控制、展后拆除和固体废物处理全过程。

6.3.4　评价的空间范围原则上仅限于展台。

6.3.5　评价的要素范围可包含设计、选料、施工、展出、固体废物处理等环节，包含但不限于文件、方案、图纸、效果图、施工照片、现场图片等。

6.4　选择指标

6.4.1　根据评价需求和评价范围，遵循全面性、客观性及适用性原则，选择恰当的评价指标。第 5 章给出了绿色展台评价所需的必选指标和可选指标。

6.4.2　拟选的评价指标，宜包含所有必选指标。

6.5　建立方法

6.5.1　根据评价需求、评价范围、评价指标选择合适的评价方法。

6.5.2　定量指标宜根据过程性文件中的记录数据或现场测量的数据计算得出，指标计算方法可参考第5章。

6.5.3　定性指标可采取资料审核、专家评估、问卷调查等方式评价得出，指标核算依据见第5章。

6.6　拟订方案

根据6.2～6.5拟订评价方案，方案内容宜包含：

a）评价目的；

b）评价范围；

c）评价指标；

d）评价方法；

e）评价计划；

f）资源投入。

6.7　开展评价

6.7.1　资料收集与数据测量

6.7.1.1　可通过文件、现场两种方式收集资料和数据。

6.7.1.2　可采用图片，文档、数据等多种呈现方式。

6.7.1.3　宜覆盖评价方案中涉及的评价范围。

6.7.1.4　宜包含评价方案中涉及的测量指标。

6.7.1.5　如有必要，保留现场核查图片。

6.7.2　统计分析

6.7.2.1　检验和统计收集的资料，计算得出预设的指标数值。

6.7.2.2　比照第5章的必选指标和可选指标，判断相关指标是否符合绿色展台要求。

6.7.2.3　对存疑要素，重复开展上述工作，以获得全面、合理、客观的结论。

6.8　得出结论

6.8.1　宜按本文件的要求对相关资料、数据等进行审查，在搭建、验收、运行、拆除过程进行现场考察后，出具评价实施过程说明。

6.8.2　当评价过程依评价方案执行，且评价指标符合第5章确定的指标限值或评价要求时，可视为绿色展台。

6.9　形成报告

根据评价整体过程、结论，形成报告，报告内容宜包含：

a）评价方案要点摘录；

b）评价实施过程说明；

c）资料说明（如测量数据、现场图片等）；

d）评价结论。

e）评价结论详细说明；

f）其他应说明情况。

6.10　记录留档

6.10.1　评价过程宜以记录的形式予以保留存档，留档内容包括：

a）评价方案；

b）评价报告；

c）评价过程证明材料；

d）其他应留存的材料。

6.10.2　留档记录的形式宜包含电子文档。

【思考】

《绿色展台评价指南》的出台是落实国务院关于加快建立健全绿色低碳循环发展经济体系的重要举措，符合国家生态文明建设和“双碳”目标的要求。

通过标准化的评价体系，引导市场主体积极参与绿色会展建设，不仅有助于推动会展业的绿色发展，还能带来显著的环境效益、经济效益和社会效益，对我国会展业的高质量发展具有重要的指导和推动作用。

【任务认领】

假设你是参展商，即将参加一场以“绿色生活，美好未来”为主题的大型绿色展览。你的任务是设计一个绿色展台的搭建方案，确保展台设计能够吸引目标受众，又符合国家行业《绿色展台评价指南》，并传达绿色生活理念。

任务一　绿色展览现场的设计与布置

一、筹备阶段

宜制订展览绿色运营方案。以下要素对方案是十分必要的：

宜采取绿色措施开展招商、招展、宣传、客户关系维系等工作。宜合理规划，使展览的现场场所、现场服务的作业环节等充分体现展览绿色理念。宜选择获得绿色建筑认证或致力于推动绿色环保的展览场馆举办展览。宜提前谋划。从源头控制和减少非环保材料使用量，如鼓励使用轻质减量、循环使用、模块化的展览展示材料。宜优先选择具备绿色服务能力的企业为展览服务商，比如优先选择具备环保材料设计、使用、搭建、拆除等能力的展览展示工程企业。宜提供绿色实施能力教育和培训。

二、布展阶段

通过展览现场环境布置、标准展位搭建等优先采用轻质减量、循环使用、模块化的展览展示材料等，突出企业形象和产品特点，避免展位过度装修，倡导和宣传绿色发展理念。

三、展出阶段

采用信息化手段和环保手段，在以下方面宣传和推广展览会：宜采取适当奖励措施鼓励和引导参展商、观众等选择绿色低碳方式参展。实施垃圾分类和资源回收措施是至关重要的，包含但不限于生活垃圾、固体废物、危险废物等。宜宣传展览绿色理念，通过某种渠道或形式，在展览期间展现展览绿色运营成果。可在展览会期间，举办绿色主题的展览评选及交流活动，题材包含但不限于绿色展览、绿色材料、绿色运输等。

四、撤展阶段

规范并监督参展商、展览展示工程企业、垃圾处理商等参与撤展的展览相关方的作业规程，使其符合绿色环保要求。根据 GB/T 41129—2021 实施绿色展台评价，重点监控展览专业器材的回收情况以及固体废物的回收、处置情况。

五、总结阶段

根据 PDCA 原则评估、总结展览绿色实施经验和不足、拟订提升措施，形成报告。提升措施宜纳入下一周期展览的展览绿色运营方案。依据展览全过程的数据，根据方案确定的评估指标，分析本期展览绿色运营情况。重点参考 GB/T 11429—2021 分析绿色展台普及率、空气环境数据、垃圾处理量等指标。以信息化方式发送展后报告。通过视讯方式开展客户关系维护。

任务二　绿色展览展台的搭建与撤场

一、器材选择

1. 选择原则

减量：在选择器具器材时，尽量选择小型、轻便、可折叠的产品，减少运输和储存的难度和成本。同时，优化产品设计，减少冗余的功能和材料，降低生产成本和资源消耗。

复用：选择可重复使用的器具器材，如可拆卸和组装的展架、可折叠的展示板等。这些器具器材可以在展会结束后进行清洗、维护和储存，以便在下一次展会中再次使用，延长使用寿命。

再生：尽量选择使用可回收材料制成的器具器材，如塑料、纸张、木材等，使用后经过回收、处理和再利用，从而减少对自然资源的依赖，降低对环境的污染。

替代：选择符合环保标准的替代产品，如使用节能灯代替传统的白炽灯、使用环保墨水打印的海报等。这些替代产品可以减少能源消耗和环境污染，提高可持续发展的能力。

2. 具体器材的选择

选用可回收和可再利用的展具和器材：优先选用金属展架、纸制展示牌等。可回收材质，支持多次使用，减少废弃物的产生。

选用环保型的材料和设备：使用低挥发性有机物（VOCs）涂料、环保型胶黏剂等。这些材料对环境友好，对人体健康也不会造成危害。

选用节能型的设备和材料：选择使用 LED 灯具、节能型空调等设备，可降低能源消耗，减少对环境的影响。

选用模块化和轻量化的设计：这种设计可以方便地进行拆卸和组装，并且可以重复使用，减少浪费。例如，X 展架，由广告画面和 X 形支架组成，广告画面通常由 PVC 写真画面覆膜而成，材质普遍为普通塑料、普通铁质和铝合金等，用户可根据自身需要自由选择。X 展架是企业营销的利器，是由终端 POP 广告演变而来的，具有“绿色环保、便于运输和组装”等特点。

考虑使用租赁服务：如果展台搭建使用的是租赁的展具和器材，那么可以在展览结束后将其归还给租赁公司，这样可以避免资源的浪费。

考虑整体设计和后期处理：在搭建展台时，要考虑整体设计和后期处理，尽量减少对环境的负面影响，同时也要注意合理利用资源，避免浪费。

二、降低能耗

1. 节约展台和场馆内的水电气能源

水资源节约：在展台设计和搭建时，应考虑到水资源的节约。例如，可以安装节水龙头、节水喷头等设备来降低水的使用量。同时，在展会期间，可以设置提醒标识，引导参观者正确使用水源，避免浪费。

电力资源节约：选择使用节能型的设备和灯具，如 LED 灯具、节能型空调等。另外，可以采用智能控制系统，对展台的照明、空调等设备进行定时和远程控制，这样可以有效避免不必要的能源浪费。

燃气资源节约：如果展台使用燃气资源，可以通过合理控制燃气使用量和使用时间，避免浪费。

合理设置展台：合理设置展台的窗户和通风口，最大限度地利用自然资源，减少能源消耗。

加强能源管理：在展台搭建和使用过程中，加强能源管理是节能环保的关键。可以通过采用智能控制系统，对展台的能源消耗进行实时监测和调控，及时发现和解决能源浪费的问题。

2. 控制声响

使用噪声控制设备：在展台设计和搭建时，可以考虑使用噪声控制设备，如噪声消除器、隔音板等，以减少噪声的干扰。

合理安排活动时间：避免在展台内进行过于嘈杂的活动，如产品演示、音乐会等。

沟通与协调：与展会主办方和其他参展商保持良好的沟通与协调，共同控制展台噪声，避免干扰其他参展商和观众。

3. 控制温度

合理设计展台布局：在展台设计和搭建时，应考虑到温度的控制。例如，可以合理划分展台内部布局，避免冷热区域交叉，以减少温度波动。

使用温度调控设备：在展台内可以安装温度调控设备，如空调、暖气等，以保持展台内部温度适宜。

注意通风和采光：合理设置展台的窗户和通风口，可以促进空气流通，有助于温度控制。同时，也要注意采光，使用合适的灯光和自然光线，以减少对温度的依赖。

4. 控制亮度

选择合适的灯具：在展台设计和搭建时，应选择合适的灯具，如 LED 灯具等，以减少电力消耗和热量产生。同时，根据展台的实际需要选择灯具的种类和数量。

控制照明时间：合理控制展台照明的时间，避免长时间开启灯光，以减少能源消耗。同时，根据展台的实际需要调整照明强度和色温。

利用自然光线：合理设置展台的窗户和采光口，利用自然光线照亮展台内部，减少对人工照明的依赖，降低能源消耗。

优化展台设计：合理规划展台布局，通过优化采光和通风等设计，最大限度地利用自然资源和能源。

5. 减少纸质宣传品的发放（无纸化办会）

推行数字化宣传：尽可能使用电子版宣传资料，替代纸质版。参展商可将宣传资料存储在电子设备或云端，供观众自行下载查看。

提供在线预约和签到服务：展会可提供在线预约和签到服务，参展商和观众可提前完成信息预约与签到服务，缩短现场排队时间。这样可以减少纸张浪费，缓解人员拥堵，提高服务效率和质量。

加强信息管理：展会应加强信息管理，确保信息准确、完整，减少因信息错误导致的重复印刷，提高信息传递效率，减少纸张消耗。

传播环保理念：展会期间积极推广绿色理念，倡导环保、节能的生活方式，增强观众的绿色环保意识，减少对纸制品的需求。

设置回收箱：在展会现场设置回收箱，鼓励观众将使用过的纸张、塑料等废弃物进行分类回收，减少垃圾产生量，减轻环境污染。

考虑使用租赁服务：如果展会需要使用大量纸制品，可考虑使用租赁服务，通过循环使用减少纸张浪费。

6. 减少一次性用品的使用

使用可重复使用的展品和道具：参展商可尽量选择使用可重复使用的展品和道具，而不是使用一次性制品。例如，使用可循环的塑料桶、可多次清洗的陶瓷杯或不锈钢杯，避免使用一次性纸杯等。

提供环保袋：参展商可向观众提供可重复使用的环保袋，用于携带展品和资料，减少一次性塑料袋的使用。

推广环保材料：参展商可在展台上宣传环保材料和可持续发展的理念，展示由环保材料制成的展品和道具，引导观众选择环保产品。

合理安排餐饮服务：参展商可合理安排餐饮服务，提供可重复使用的餐具和杯子，避免使用一次性餐具；同时鼓励观众自带餐具和水杯，减少对一次性制品的依赖。

加强宣传和教育：参展商可通过海报、讲解、互动活动等方式，增强观众对一次性用品危害的认知，增强其环保意识，共同营造环保、可持续的展览环境。

三、减少垃圾排放量

1. 会展垃圾的类型

（1）搭建材料废弃物：结构材料：木材、金属框架、塑料板、玻璃、石膏板等；装饰材料：喷绘布、广告横幅、地毯、灯光设备、装饰品等；展台拆除残渣：钉子、胶水、涂料桶、废弃电路等。

（2）宣传资料：纸质宣传单、手册、名片、海报等一次性印刷品；废弃的样品包装盒、礼品袋等。

（3）一次性用品：塑料杯、餐具、瓶装水、餐盒、塑料袋等；展会赠品（如廉价塑料玩具、小饰品等）。

（4）餐饮垃圾：食物残渣、厨余垃圾；餐饮包装（如纸盒、塑料膜、吸管等）。

（5）电子废弃物：废弃的 LED 屏幕、电子设备、电池、电线等。

（6）特殊垃圾： 化学制品（如胶水、油漆残留物）、危险废弃物（如锂电池）。

2．减少会展垃圾的实用措施

（1）绿色设计与材料选择：

· 模块化展台：使用可重复组装的标准化展架（如铝制桁架系统），减少定制化材料浪费；

· 环保材料：选用再生木材、可降解塑料、无污染涂料，或租赁绿植装饰；

· 数字化展示：用电子屏、VR/AR 技术替代传统喷绘，减少装饰材料消耗。

（2）减少一次性用品：

· 提供可重复用品：如租赁玻璃杯、陶瓷餐具，或要求餐饮供应商使用可降解包装；

· 鼓励自带物品：向观众发放环保水杯、布袋，减少瓶装水和塑料袋使用。

（3）优化宣传方式：

· 无纸化推广：通过二维码、小程序、USB 电子手册替代纸质资料；

· 限量印刷：仅对有明确需求的观众提供纸质材料，并采用双面印刷和再生纸。

（4）垃圾分类与回收：

· 现场摆放分类垃圾桶：设置清晰的“可回收物”“厨余垃圾”“有害垃圾”标识，配备引导员；

· 合作专业机构：与环保企业合作，确保金属、塑料、电子垃圾等专业化回收。

（5）餐饮管理：

· 精准备餐：根据人流数据预估餐饮量，减少食物浪费；

· 余食捐赠：与公益组织合作，将未变质食物捐赠给有需要的人群；

· 推广素食：提供更多植物基餐饮选项，减少碳排放。

（6）展后资源循环：

· 材料回收：展后统一回收展架、地毯、灯具等，供下次使用或捐赠给学校、社区；

· 数据化存档：保留展台设计图纸和材料清单，便于未来重复利用。

（7）政策与激励机制：

· 环保条款约束：在参展合同中要求使用环保材料，违规者扣除押金；

· 奖励优秀案例：设立“绿色展商”奖项，给予展位费折扣或宣传资源倾斜；

- 碳积分制度：统计参展商的垃圾减量数据，兑换未来参展优惠。

（8）教育与宣传：

- 展前培训：向参展商提供《绿色布展指南》，涵盖材料选择、垃圾处理等；
- 观众互动：通过游戏、打卡任务引导观众参与垃圾分类，赠送种子或环保纪念品。

3. 成功案例

第七届中国国际进口博览会在为国内外厂商提供高水平开放平台的同时，也将“减量化、资源化、无害化”的“无废”理念融入办展的每一个细节。

展台搭建无废化

通过制定《中国国际进口博览会绿色展台标准》，要求进博会展台从设计到进场搭建直至最终拆除阶段，全过程都要遵循“6R”概念。

采用简化和模块化设计，使用可再生和可循环利用材料，减少废弃物和污染物对环境造成的负面影响，确保安全施工。同时，杜绝使用一次性塑料外包装，从源头上减少资源消耗。

物流运输绿色化

进博会展区较多，展示的展品均为境外生产，来源地广泛。通过制定《中国国际进口博览会期间绿色物流方案》，对运输线路、仓库地址进行合理布局与规划，缩短运输路线，提高车辆装载率、投入新能源货运车等措施，实现节能降碳的目标；在包装环节推广可循环、可降解、可再生包装物，杜绝一次性塑料外包装及相关捆扎材料的使用，在有效保护商品的同时减少资源损耗。

能源管理智慧化

以智能化系统为辅助，精细管理各类能耗设备，做好能源管理。采用冷热电“三联供”集中供能、“室内室外”LED照明“全覆盖”、太阳能光伏发热系统、雨水收集利用、能量回收系统、“数字化智慧展馆”示范中心等一系列低碳设计理念和低碳技术，打造绿色低碳场馆。

展会运营绿色化

持续加强“无废办公”精细化管理，提倡双面打印、随手关灯、合理设置空调温度，提升组织运行效能。餐饮服务单位禁止使用不可降解一次性塑料餐具，不主动提供一次性餐具，推行适度点餐，推动部分商户提供“半份菜”“小份菜”等点餐服务，营造节约为荣的风尚。鼓励咖啡饮品商户推行自带杯优惠活动，鼓励商户提供线上支付方式，推进电子账单、电子发票。进博文创品包装及购物手提袋，全面落实使用可降解、可循环利用材料，杜绝过度包装。

第七届进博会将持续倡导展客商开展“零塑行动”，打造会展无废低碳全民行动的典范，实现绿色低碳的价值传递。

（资料来源：https://sthj.sh.gov.cn/hbzhywpt1272/hbzhywpt1158/20241107/384d564c045d4cc0bf3b8df7e30d006e.html。）

任务三　绿色展览配套活动的设计与组织

一、绿色展览配套活动的作用

提升绿色展览的层次和专业化程度。在展览期间举办的配套活动如绿色环保方面的行业会议、专业研讨会和技术交流会等，本身就体现了展览的层次和专业化水平。

增加绿色展览的看点和扩大与会人员参与度。多元丰富的配套活动不仅精彩纷呈吸引眼球，成为与会人员关注的亮点，让与会人员大开眼界，而且吸引了很多专业观众和现场观众踊跃参与，给参展企业和经销商带来更多的惊喜和收获，增加了绿色展览的成交率和成交机会。

活跃展会现场气氛和提升展览影响力。这些具有观赏性或参与性的环保相关活动（如表演、比赛等），增强了展览的娱乐性和互动性，使现场气氛异常活跃，扩大了绿色展览的传播效果。

丰富、强化和拓展绿色展览的功能。展览配套活动的成功举行，大大丰富了展览的内涵，强化和延伸了绿色展览的功能和作用。

二、展览配套活动的形式

1. 绿色会议

“展中有会，会中有展”已成为现代会展的基本趋势。在展览期间举办相关会议活动是最常见的配套形式，可邀请著名学者、专家、企业和政府相关人员等参加。会议类型包括新闻发布会、专业研讨会、技术交流会、产品发布会、推介会和专题论坛等，其核心功能是加强展览行业信息交流、提升展览专业度。在具体设计会议活动时，应紧紧围绕展览主题，构思和落实会议目标、形式、规模、时间、地点、议程、与会人员、经费预算等各项内容。

联合国环境规划署将绿色会议定义为“一种设计、组织和实施方式，以尽量减少对环境的负面影响，并为当地社区留下积极遗产的会议”。在实践中，绿色会议是指在会议策划、组织和实施过程中，充分考虑环境保护和资源节约，通过减少对环境的负面影响，实现可持续发展的会议形式。其核心理念包括减少能耗、温室气体排放、材料消耗和废弃物产生，同时注重资源的高效利用和循环利用。绿色会议的实践贯穿会议的全生命周期，从场地选择、交通安排、餐饮服务到废弃物管理，均需体现环保原则。例如，选择绿色建筑认证的场地、鼓励使用公共交通工具、采用电子文件代替纸质资料、减少一次性用品的使用等。此外，绿色会议还强调通过数字化手段降低资源消耗，例如，使用线上注册、电子账单和数字广告等工具，以减少纸张使用和碳排放。

2. 环保主题表演

展览期间的表演活动可活跃现场气氛和吸引潜在观众，大致分为两类：一类是穿插性表演活动，用于充实展览内容、扩大展览影响，常被穿插安排在展览主要时段中进行。如影视明星文艺晚会、服装展览模特表演、乐手演奏。另一类是程序性表演活动，多是依照行业惯例而举办的，是展览活动的常规程序，如开幕式演出。

环保主题表演是以环境保护为主题，通过各种艺术形式（如戏剧、舞蹈、音乐、朗诵等）来传递环保理念、宣传环保知识、唤起人们对环境问题的关注和重视。主题丰富多彩，多种多样。

自然之美呈现：展现大自然的壮丽景色、丰富多样的生态系统，如森林、海洋、草原、野生动物等，让人们直观地感受到自然的美好与珍贵，从而增强保护自然的意识。

环境问题揭示：通过表演呈现环境污染、生态破坏、资源短缺等现实问题，如工业污染导致的河流变黑、森林砍伐引发的水土流失、过度捕捞造成海洋生物减少等，引发观众对环境问题的思考和关注。

环保行动倡导：宣传垃圾分类、节能减排、植树造林、保护野生动物等具体的环保行动，鼓励观众在日常生活中践行环保理念，为改善环境贡献力量。

戏剧表演：创作以环保为主题的剧本，通过演员的表演展现人与自然的关系、环境问题的产生与解决等情节，如以一个因过度开发而导致生态环境恶化的小村庄为背景，讲述村民们在经历自然灾害后觉醒并开展环保行动的故事。

舞蹈表演：利用舞蹈动作和身体语言表达对自然的热爱、对环境问题的担忧以及对环保行动的呼吁，例如，通过轻柔的舞姿表现水的灵动，再以急促、混乱的动作展现水污染后的挣扎，最后以舒缓、有力的舞蹈表达治理污染、恢复水清的决心和行动。

音乐表演：创作或演绎环保主题歌曲、乐曲，用音乐的力量感染观众，如《地球之歌》《让世界充满爱》等歌曲，传递环保理念和情感。

朗诵表演：朗诵环保主题诗歌、散文等文学作品，以富有感染力的声音表达对自然的赞美、对环境问题的批判以及对未来的期望，如朗诵艾青的《我爱这土地》，表达对祖国大地的热爱和对其遭受破坏的痛惜。

3. 绿色比赛

展览活动会带来大量的人群聚集，特定展览主题常使同行业的多家企业齐集一堂，在此期间举办一些比赛活动便拥有许多便利条件，也易在行业内和社会上产生较大的影响。和表演一样，比赛对于活跃现场气氛和吸引潜在观众也有较大帮助，另外有些专业性比赛活动也能吸引一些企业参加展会。

在展览期间举办的比赛活动大致分为两类：一类是以大众观赏为主要目的的比赛活动，如在体育用品类展览中举办的各种球类比赛、在服装类展览中举办的各种时装表演比赛等；另一类是强调行业特征的专业性比赛活动，如为鼓励广大参展商提高展位质量而举办的展位设计比赛、为发掘行业新产品和新设计而举办的创新产品评比等。

4. 其他活动

除了上述活动，有些展览组织机构还在展览期间举办其他相关活动，如招标活动、访问活动、公益活动、明星见面会、评奖等。这些活动对充实展览内容、扩大展览影响、树立展览良好形象起着积极作用，是展览组织机构提供的现场服务的有机组成部分。

三、展览配套活动组织与设计的相关要求

配套活动的主题和形式要与绿色展览的主题相吻合，应是展览主题的延伸和丰富。配套具体活动应根据参展商和观众的需要进行精心设计，紧扣展览主题来设计安排相关活动内容和形式。在进行配套活动设计时既要做到通盘考虑，符合展览主题定位，又要因地制宜，不因循守旧，采取多样化的表现形式，实现配套活动与展览之间的相互促进、相互关联，达到烘托绿色展览主题、传递展览行业发展新理念、提升展览吸引力的效果。

各项准备工作要充分、具体。展览配套活动需要展览组织机构内部相关人员通力合作、明确时间节点，形成合力才能高效完成。要做到有明确具体的工作目标和活动方案，工作任务落实到相关责任人。在具体执行时需要严格落实各个环节，包括明确时间、落实场地及相关设施，组织与会人员，邀请相关专家，确定新闻媒体以及接待等各项工作，确保配套活动安排合理、组织有序、高效推进。

做好经费预算。相关配套活动的举办通常都不是纯粹的商业活动，不以营利为主要目的，但不可否认的是，这些配套活动的运作过程也是一种经济活动，既需要筹措活动资金，更需要按预算进行成本控制，尽量减少支出。经费预算的合理性和可行性是最大限度提高活动经费使用效益的重要保证。

任务四　绿色展览安全和现场秩序

一、展览安全管理

1. 设计与选材安全

展台设计应简化，避免复杂结构，确保搭建和拆除的安全性。选用难燃或阻燃材料，确保材料的环保性和安全性。避免使用对环境和人体有害的材料，如甲醛、苯等挥发性有机物。展品展示需遵守环保标准，避免使用高能耗设备。展台灯光布置应合理，避免光污染。控制展台展示音量，音量不宜高于 70 分贝。

2. 施工现场的安全

施工单位需持有施工许可证明，作业人员持证上岗。采用模块化、构件化施工工艺，避免现场进行切割、焊接、喷漆等污染性施工行为。控制施工噪声和灰尘，避免对场馆环境和人员健康造成影响。

3. 设施设备使用及拆除安全

电气设施安装需符合相关标准，确保用电安全。展台搭建不得遮挡展馆内的消防设施、电气设备、紧急出口和观众通道。确保设施设备拆除安全。拆除过程需有序进行，避免对场馆设施和人员造成损伤。对拆除后的物料进行妥善处理，避免对环境造成负面影响。对废弃物进行分类处理，优先回收可再利用材料。避免废弃物堆积和二次污染，确保场馆环境整洁。

4. 环境与人员安全

保持场馆通风良好，确保室内空气质量符合标准。提供安全的餐饮服务，鼓励使用环保餐具，减少一次性塑料制品。倡导绿色出行，减少交通拥堵和污染。

二、现场秩序管理

1. 前期规划与设计

首先要进行合理布局。根据人流量预测划分功能区域（如展示区、互动区、休息区、垃圾回收区），避免人流交叉拥堵。设置单向参观动线，减少折返路径，并用环保地贴或可重复使用的标识引导路线。其次，建立绿色票务管理系统，采用电子票务系统（扫码入场）减少纸质票使用，通过分时段预约控制人流峰值。最后，为低碳出行观众提供奖励（如骑行共享单车可走快速通道）；协调公共交通资源，增设接驳班车；设置自行车停放区、电动车充电桩。

2. 重视现场的注册、接待与管理

做好注册的准备工作，让每位观众尽可能快地完成注册：①注册材料的准备工作要充分（包括观展登记表、观展指南、展览会刊等）；②要尽可能早地让观众都能了解现场注册程序；③注册台的搭建要合理，保证有足够大的空间；④注册现场分工要明确，各负其责。

加强现场管控的措施：实时监控人流量（通过摄像头或智能计数设备），超限时启动分流措施（如限流、开放备用通道）。热门展位设置排队隔离带，利用虚拟排队系统（短信通知入场）减少人群聚集。通过电子屏、广播循环播放环保提示语（如"轻声细语""垃圾不落地"）。设置环保问答互动点，吸引观众分散参与，同时传递绿色理念。明确标识安全出口和应急通道，禁止堆放杂物，定期检查通畅性。

3. 宣传参观须知，设置导引标志

在观众进展馆参观之前，通过广播和设置宣传牌等方式，反复宣传参观须知，介绍展览情况及有关规定和注意事项。设置各种必要的引导标志，指明参观路线，使观众在没有接待人员直接带领时，也能有秩序地参观。

注意组织协调。负责观众接待的人员，除组织安排好观众进馆参观外，还要和保安人员、讲解人员密切配合，做好观众现场的接待与管理工作，维护好正常的展览秩序，及时处理好观众观展过程中发生的各种问题。

4. 现场的安全与环保措施

在现场开展安全检查，提前排查消防设施、展位结构稳定性（尤其是临时搭建物），禁止使用明火或高耗能设备。设置医疗点，配备急救包、防暑降温用品。强制垃圾分类（可回收/厨余/其他），提供明确标识的垃圾桶，安排专人指导。禁止一次性用品（如塑料瓶），提供直饮水设备或可降解杯具。控制噪声污染，限制扩音设备音量；采用节能灯具、太阳能发电设备。

三、突发事件管理

展览现场可能会发生意想不到的突发事件，组织者的能力将受到真正的检验。组织者在危机和紧急事件中要扮演领导角色，要表现出足够的冷静与魄力。在事前，组织者最好能列出可能发生的紧急事件，按事先设定的措施来处理，以防措手不及。一般来说，突发事件包括紧急医疗、火灾防范、盗窃等，应提前做好风险评估、制定防范措施。

【任务小结】

通过了解国家行业标准《绿色展台评价指南》和《环保展台设计制作指南》，学习掌握了绿色展览现场的设计，布置以及搭建和撤场的具体要求。能够按照国家节能降耗的

要求组织有效的绿色展览的配套活动，如绿色会议、绿色环保活动表演等。能够积极安排绿色展览现场安全和秩序工作，特别是防火防盗等工作。最后执行并评估绿色展览的现场服务效果。

【案例】

斯德哥尔摩家具展的 8 种环保展台方式

2024 斯德哥尔摩家具展不仅展示了最新的家具设计，还倡导减少浪费和促进循环利用。展览总监 Hanna Nova Beatrice 表示，展会采取了多种策略来减少碳足迹。

1. 创建无墙岛台

新的展会布局让一些品牌可以创建简单的地板表面形成的“岛台”，易于回收利用。例如，Hem 采用了这种方法，其展位以大胆的棋盘格地板为特色。

2. 用产品框定空间

瑞典户外家具品牌 Nola 巧妙利用了其新产品之一，展现了自己的风格。通过安装凉棚结构，Nola 为其展台创建了一个简单的框架。伴随着由回收砖制成的地板，该空间像一个花园露台。

3. 建立一个装置而不是一个展位

展会组织者鼓励一些品牌以不使用任何建筑的方式来展示。例如，瑞典照明品牌 Pholc 与设计机构 Nineties 合作，用堆叠的包装箱创造了多层场景。

4. 创造性地重新利用旧摊位

许多斯德哥尔摩参展商选择重复使用以前使用过的展位。最简单有效的例子之一来自瑞典家具品牌 Lammhults，该公司每年都会重复使用同一个展台，只是简单地涂上不同的颜色。今年（2024 年），2023 年的钴蓝色被大胆的红色取代。

5. 利用废料

Minus Furniture 首次亮相展会，其展台完全由回收材料制成，包括租用的脚手架系统和来自建筑工地、二手商店和城市垃圾的物品。

6. 为一切寻找新家

展会是为循环设计的，这意味着展会结束后，每个部分都要重新安置。Formafantasma 设计的阅览室装置就是最好的例子之一。构成空间的窗帘和书籍都被捐赠给了设计学校，而 Flos 照明设备则被捐赠给了一家书店。与此同时，零售商以签名限量版形式出售 Artek 家具。

7. 将旧设计适应新用途

这个酒吧和舞台装置由总部位于斯德哥尔摩的 Färg 和 Blanche 设计，最初是为

2023 年上半年瑞典担任欧盟理事会主席而设计的。设计二人组将这些组件改编，以便它们可以重复使用。

8. 保持简单

首次参展的年轻品牌被邀请使用设计师 Nick Ross 设计的现成展位。这个“模板”是用回收材料建造的——铝桁架系统在未经处理的中密度纤维板上创建了独立的模块。整个区域可以拆卸并重新用于其他活动。

通过这些措施，斯德哥尔摩家具展不仅展示了最新的家具设计，还为其他展会提供了减少浪费和促进循环利用的参考。

（资料来源：https://mbd.baidu.com/newspage/data/dtlandingsuper？nid=dt_4600111181222490208）

【任务测试】

1. 斯德哥尔摩家具展的展台设计是怎样体现环保理念的？
2. 绿色展台搭建中如何做到节能降耗？
3. 绿色展台搭建如何选择搭建材料？
4. 举例说明如何通过循环使用材料减少展会垃圾。

【任务拓展】

《环保展台设计制作指南》（SB/T 11231—2021）

1　范围

本文件提供了环保展台设计制作的基本原则，以及展台主体、电气照明、装饰物、功能及展示效果等方面的指导和建议。

本文件适用于环保展台设计制作的全过程。

2　规范性引用文件

下列文件中的内容通过文中的规范性引用面构成本文件必不可少的条款，其中，注日期的引用文件。仅该日期对应的版本适用于本文件；不注日期的引用文件，其最新版本（包括所有的修改单）适用于本文件。

GB 50005　木结构设计规范

GB 50009　建筑结构荷载规范

GB 50017　钢结构设计规范

GB 50068　建筑结构可靠度设计统一标准

GB 50222　建筑内部装修设计防火规范

GB 50429　铝合金结构设计规范

3　术语和定义

下列术语和定义适用于本文件。

3.1

展台 booth；stand

展览会上用于展示活动的结构单元。

3.2

环保展台 environmental friendly booth

符合设计简约化、构件模块化、材料低碳化，所使用材料和构件安全、可循环利用。

3.3

结构设计 structural design

根据既定条件和有关设计标准规定进行结构选型、材料选择、分析计算、构造配置及制图等工作的总称。

3.4

安全性 security

结构在正常的施工和使用条件下，以及在偶然事件发生时和发生后，保持整体稳定性。

3.5

适用性 servieability

结构在正常的施工和使用条件下，保持使用性能。

3.6

耐久性 durability

结构在正常的维护条件下，随时间变化而仍能满足预定功能要求。

3.7

功能模块 module

根据一定范围内不同性能、不同规格的要求，划分并设计出的功能性集成化单元。

3.8

模块化设计 module-based design

通过模块的选择和组合，满足不同用户需求的产品设计方法。

4　基本原则

4.1　简约化

在满足展示需求的情况下，用尽可能少的构件材料实现展台功能。

4.2 模块化

4.2.1 展台的主体结构由功能模块构建组成，能在展览现场进行组装。

4.2.2 展台构件设计制作宜工艺标准化、搭建程序化、组合多元化、运输成本低。

4.3 低碳化

采用低能耗、低污染、可降解、可循环的构件材料搭建展台，减少废弃物的产生和污染排放。

4.4 安全化

展台在搭建、展览、拆卸过程中不应存在不安全因素，宜使用无毒害、无或少辐射、质轻、耐用、稳定性好，符合国家或国际相关安全标准且具有较高的防火或耐火等级的构件材料。

5 展台主体

5.1 设计

5.1.1 钢结构设计符合 GB 50017 要求。

5.1.2 木结构设计符合 GB 50005 要求。

5.1.3 铝合金结构设计符合 GB 50429 要求。

5.1.4 结构支撑系统符合 GB 50009 要求。

5.1.5 结构可靠度符合 GB 50068 要求，偶然事件发生时及发生后，仍保持整体稳定性。

5.1.6 结构的设计符合结构力学所需的荷载强度要求，确保展台结构的整体强度、刚度、稳定性、可靠性和各连接点的牢固性、安全性、适用性和耐久性，无施工安全隐患。

5.1.7 选型、布置和构造便于展台制作、安装和维护。并使结构受力明确，减少应力集中。

5.1.8 室外展台的屋面活荷载标准值取 0.5 kN/m^2；对不同结构的活荷载，可根据具体情况在标准值基础上作 0.2 kN/m^2 的增减；对不上人的屋面，当施工或维修荷载较大时，按实际情况增加荷载受力面。

5.1.9 展台构件设计符合材料力学性能，在不同环境（温度、介质、湿度）下，宜根据材料承受外加载荷（拉伸、压缩、弯曲、扭转、冲击、交变应力等）时所表现出的力学特征，考虑制造材料的弹性指标、硬度指标、强度指标、塑性指标、韧性指标、疲劳性能、断裂韧度。

5.1.10 展台不宜超过 2 层，层高度不宜超过 3 m。

5.1.11 提出功能模块可重复利用的组合方案，实现模块化设计组装。

5.2　制作

5.2.1　采用通用的、标准化的结构和构件，减少制作、安装工作量。

5.2.2　选用易包装、可拼装或折叠、单个体积较小的展台构件。

5.2.3　结构构件在搭建、使用、拆卸、运输中符合强度、稳定性和刚度要求，且符合防火、防污染、低碳化要求。

5.2.4　在展台制作前完成构件材料的喷涂、焊接、切割等制作工序。

5.2.5　展台使用的结构柱、梁、内部墙面喷涂防火涂料。防火涂料的厚度满足消防要求，其内部装修材料达到防火性能要求。

5.2.6　构件或部件之间的连接使用螺栓连接、铆接或在工厂组合焊接，不使用铅丝、铁丝、钢丝等捆绑连接方式。

5.2.7　可重复搭建结构的连接锁扣性能完好，达到锁紧的力矩要求。搭建完成后各连接部位应紧密结合，局部连接无松动，整体展台无晃动。

5.2.8　围护结构与结构柱梁的连接便捷可靠，可采用螺栓、铆钉或自攻螺丝连接。

6　电气照明

6.1　电气

6.1.1　与环保展台的性质、规模、功能要求相适应。

6.1.2　减少声、光及电磁污染对环境的影响。

6.1.3　采用节能技术，降低能源消耗。

6.1.4　配电设备宜有标识（标志）。

6.2　照明

6.2.1　在满足展台照明需求的前提下，宜使用 LID 光源灯具，避免能源浪费。

6.2.2　电气材料和设施设备符合消防安全要求。

6.2.3　展台与高温照明灯具贴邻部位的材料应采用GB 50222中规定的A级装修材料。

7　装饰物

7.1　顶棚装饰物、墙面装饰物，地面装饰物和隔断装饰物的燃烧性能等级不低于GB 50222 中规定的 B1 级：固定家具、装饰织物和其他装饰物的燃烧性能等级不低于GB 50222 中规定的 B2 级。

7.2　宜选用可降解或可循环使用的材料。

7.3　不宜在展馆内使用霓虹灯装饰。

7.4　内部的配电箱宜直接安装在燃烧性能等级高于 GB 50222 中规定的 B 级装修材料上。

8　功能及展示效果

8.1　宜根据展台使用情况、性质和工艺要求等设计展台功能，并考虑其合理性和整体性。

8.2 设置接待、服务、展示、形象墙等功能区域。

8.3 展台各功能区面积应满足展示需要，避免浪费展台空间。

8.4 宜简约、和谐、美观。

8.5 与主题相协调，符合参展单位理念，能展示参展单位的形象和产品。

8.6 具有环保展台的示范效应。

【实训】

实训任务一：学习国内贸易行业标准《环保展台设计制作指南》（SB/T 11231—2021）

选择一个即将举办的绿色展览或环保活动。基于该活动的特点，制定一个详细的绿色展台设计方案，包括设计理念、材料选择、价格预算等。

成果要求：提交一份绿色展台设计方案。

【任务拓展】

环保创意展台设计：瓦楞纸的绿色魅力

随着环保意识的日益增强，我们越来越多地接到要求设计环保展台的项目。为了满足这一需求，我们提出了一些核心设计理念，旨在打造与自然和谐共处的展台。

自然共生：通过使用绿色植物、木材和石材等天然材料，我们将展台设计成仿佛从自然中生长出来的一部分。这样的设计不仅能营造出与自然和谐共处的氛围，还能让参观者感受到大自然的生机与美好，从而强化他们的环保意识。

循环利用：我们选择使用可回收或可重复利用的材料，如废弃的金属、塑料和纸张等。通过巧妙的设计和加工，这些材料被转化为独特的展台结构和装饰元素，展示了资源的循环利用潜力，传递了可持续发展的信息。

简约美学：我们秉持“少即是多”的原则，避免过度装饰和复杂的结构。以简洁、清晰的设计语言传达环保信息，减少材料的使用和能源的消耗，展现环保的简约之美。

（资料来源：https://mbd.baidu.com/newspage/data/dtlandingsuper？nid=dt_4480097627313417920）

【实训】

实训任务二：设计一份绿色展览人流管理方案

依据《会展业安全管理规范》，为一个即将举办的绿色展览或环保活动，撰写一份人流管理方案。策划案包括具体的管理原则和实施方式。

成果要求：提交一份方案策划书，包含上述所有要素，并附上时间表和责任分配。

项目八　绿色展览的评估与总结

【学习目标】

1. 了解会展客户跟踪服务的内容和要求。
2. 了解展览评估、绿色展览评估的含义及作用。
3. 了解展览总结的作用。
4. 掌握展览评估的原则和内容。
5. 掌握展览评估的程序。
6. 掌握展览总结报告的主要内容。

【案例导入】

2019 汉诺威工业博览会展后总结（节选）

展出时间：2019 年 4 月 1—5 日

展出地点：德国汉诺威展览中心

参展商数：来自 75 个国家的 6 500 家展商

专业观众数：215 000 名（40%来自境外）

总展出净面积：227 000 平方米

中国展商数：1 400 家企业，参展面积 22 000 平方米

中国观众数量：7 200 名

“让数字化转型触手可及”——这是 2019 汉诺威工业博览会的愿景。为期 5 天的展会落下帷幕，主办方正式发布展后报告，成果喜人。本届全球性工业技术顶尖盛会最重要的话题包括工业和机器人领域的人工智能、工业应用中新 5G 移动通信标准、轻量设计以及数字化迅猛发展背景下未来工作等。

“2019 汉诺威工业博览会向全世界证明它为工业化转型技术提供了重要的展示平台”，德国汉诺威展览公司董事局主席柯克勒博士说道，“超过 21.5 万名观众借助汉诺威工业博览会这一平台投资新技术，为未来贸易发展做准备。只有汉诺威能提供全方位视角，让参观者们了解应用场景、工业 4.0 的潜力和互动、人工智能、5G 和能源解决方案。”

来自世界各地约6 500家参展商展示了未来制造业和能源供给的解决方案，包括500多个案例，涉及工业制造中的人工智能部署、5G应用、能源和动力传输解决方案等。机器人同样是吸引参观者的一大噱头。顶尖机器人制造商和初创公司为业界所有部门展示实际应用。本届合作伙伴国瑞典凭借高新科技脱颖而出，共有160家公司参展。

本届展会迎来21.5万名专业观众，其中近40%来自境外。“本届展会参与者人数打破历史纪录，再次印证了汉诺威工业博览会的国际意义，展示了德国作为工业大国的强劲实力。”柯克勒博士说道。仅次于德国观众，中国观众人数(7 200)位居第二，荷兰(5 900)第三，意大利（3 400）第四，美国（3 400）第五。合作伙伴国瑞典观众人数为2 600人。

参展商们对展会给予了高度评价。“如今，机械工业行业发展迷云已逐渐散去，汉诺威工业博览会作为业界和创新领域的明灯这一作用也越发重要。机械工程师们正处在产品连接时代背景的前沿，而展会观众对机器到机器的通信以及‘全球机器语言’OPC统一架构的强烈兴趣证实了我们的成员正处在发展前沿。整合制造业的另一关键因素是超速5G移动通信标准，而本届汉诺威工业博览会在该领域表现出强劲势头。最近几年，工业4.0浪潮不断席卷，而今年的展会揭示了我们从开始到现在到底进步了多少。”德国工程联盟执行董事Thilo Brodtmann 说道。

“5G和汉诺威工业博览会简直是完美拍档。”ZVEI工业联盟首席执行官Klaus Mit - telbach说道。“明年的展会将聚焦5G技术应用。从事电气工程和电子行业的企业迫切希望使用这一移动通信新标准。和人工智能一样，5G技术将成为重要竞争因素。”他总结道。

作为主要合作方，展会技术支持商诺基亚和高通首次让参观者们亲临5G测试环境。这一创举助力解决方案供应商和潜在用户展示和尝试这一工业应用移动通信新标准的潜能。

汉诺威工业博览会上的5G技术首映同样标志着德国汉诺威展览公司“智能场所”倡议的启动，即在未来几个月内，汉诺威展览中心将成为全球首个全方位使用5G技术的展会场所。

汉诺威工业博览会开展了形式多样的论坛和会议，来自工业、政界和研发领域的专家们针对工业4.0、人工智能和未来工作等话题展开对话，成果丰硕。其他会议活动最受关注的要数德国经济与能源事务部主办的轻量设计峰会、产业大会中的未来工作和工业先锋峰会。

数字化转型时代，汉诺威工业博览会也在不断发展。得益于品牌重塑、新主题方案、新展馆布局等战略调整，汉诺威工业博览会正不断强化自身作为全球工业技术顶尖展会的角色定位。

（资料来源：http：//www.hannovermesse. com . cn / Co /？ CID =19& AID =83)

【思考】

展览活动结束后，对于组办者来说，会展管理工作还没有结束，后续要重视会展客户的跟踪服务，发展与巩固客户关系；重视展会的评估与总结工作。

【任务认领】

主题为“驱动数字中国”的2018杭州·云栖大会于9月19—22日圆满召开，4天时间里，阿里举行了2场主论坛、170多场前沿峰会，涵盖金融科技、智联网（IoT)、区块链、机器智能等众多前沿创新领域。此外，还有ATEC大会、生态科技展、云栖虾米音乐节、云栖智能运动会等活动，吸引了全球60多个国家和地区超过10万人参会。

阿里云首席智联网科学家丁险峰宣布启动“达尔文计划”，这一计划旨在通过一系列的包括平台、芯片和微基站在内的全链路生态服务，交付给企业一张自有可控的物联网。

作为“达尔文计划”的一部分，阿里云展示了一架印有“天空物联网LoRa站”字样的飞艇。阿里的物联网战略中，阿里云IoT的定位是“物联网基础设施的搭建者”。本次云栖大会上亮相的“天空物联网”则是物联网基础设施的一次具象化表现。材料中关于2018杭州·云栖大会有哪些内容？请提炼总结。

任务一　跟踪客户

会展客户跟踪服务是展览工作的延续和重要组成部分。会展客户跟踪服务非常重要，它是实现会展目标和价值、最终达到会展营销目的的主要工作手段。

展会结束并不意味着各种服务工作的结束。从管理的角度讲，会展客户跟踪服务就是要建立一个有效的展后“跟进”系统，要积极主动地为参展者提供信息、做好服务；在潜在的客户离开之前，承诺将在展会结束后与之联系，从而在潜在客户的心目中建立良好的印象。

一、客户的重要性

1. 客户是利润的源泉

客户购买了企业的产品或服务，企业的利润才能得以实现。因此，客户是企业利润的源泉，是企业的“摇钱树”，是企业的“财神”，管理并服务好客户就等于管好了“钱袋子”。

2. 聚客效应

聚客效应是指人们的从众心理往往很强，总是喜欢追捧那些“热门”企业。如果一家企业拥有庞大且忠诚的客户群，其本身就是一个很好的广告、很有力的宣传、很有效的招牌，从而能够吸引更多受从众心理驱使的新客户加盟。

3. 客户的信息价值

客户的信息价值是指客户为企业提供信息，从而使企业更有效、更有的放矢地开展经营活动所产生的价值，如客户需求信息、竞争对手信息、客户满意程度信息等。这些信息的主要来源是：企业在建立客户档案时由客户无偿提供的信息、企业与客户沟通过程中客户以各种方式（如抱怨、建议、要求等）向企业提供的各类信息。

客户信息价值中的基本信息不仅为企业节省了信息收集费用，而且对企业制定营销策略提供了较为真实准确的一手资料。

4. 客户口碑价值

客户的口碑价值是指由于客户向他人宣传企业的产品或者服务，从而吸引更多新客户加盟，使企业销售增长、收益增加所创造的价值。所以，形象地说，客户是“宣传员”，他们会对其他人诉说正面或者负面的评价，从而影响他人对企业的判断和预期。

研究表明，在影响客户购买决策的因素中，口碑传播的可信度最大，远胜过商业广告和公共宣传。因此，客户主动的推荐和口碑传播会使企业的知名度和美誉度迅速提升，还可以降低企业的广告和宣传费用。

5. 对付竞争的利器

在产品与服务供过于求、买方市场日渐形成的今天，客户选择的自由度越来越大，尽管当前企业间的竞争更多地表现为品牌竞争、价格竞争、服务竞争等多个方面，但实质上都是在争夺有限的客户资源。另外，技术、资金、管理、服务、土地、人力、信息等，很容易被竞争对手模仿，然而，企业拥有的“客户”却很难被竞争对手复制。客户忠诚一旦形成，竞争对手往往要花费数倍的代价来“挖墙脚”（挖客户）。因此，从根本上说，判断一家企业的竞争力有多强，不仅要看技术、看资金、看管理，更为关键的是要看它到底拥有多少忠诚的客户，特别是拥有多少忠诚的优质客户。

企业拥有的客户越多，就越可能获得规模效应，从而降低企业为客户提供产品或者服务的成本，由此还可提供更高价值的产品或服务。同时，如果企业拥有的客户众多，还会给其他企业带来较高的进入壁垒——“蛋糕”（市场份额）就那么大，你拥有的客户多了，就意味着其他企业占有的客户少了，从而使企业在激烈的竞争中处于优势地位。可以说，忠诚、庞大的客户队伍是企业从容面对市场风云变幻的基石。

二、会展客户跟踪服务的内容

会展客户跟踪服务的主要内容如下：解决展会期间的未了事宜，如会展参与人员的洽谈与参观安排、海外展品邮购的手续、未结清费用的处理等。展会信息服务，如会展期间的相关数据汇总、参展客商新的需求和市场信息收集等。解答客户疑问服务，如对参展客商要求展会进出馆时间充裕的安排、展位费价格国内外一致等各种问题进行解答与协调安排。整理展会的资料，包括对参展客商名录、媒体的宣传报道及征询意见等资料进行汇总、整理，并编印成册。与客户建立良好的沟通合作关系。

对于大型会展来说，展会结束意味着新的展会的开始，会展企业需要及时将本届会展的总结情况、下一届的准备情况、企业的其他相关信息等及时向客户发布。在展会期间会收集到大量的潜在客户信息，对潜在客户要及时联系。

美国的一项调查显示，第一份资料（从展台上得到），1 周内有 8%的参观者阅读；第二份资料（参展企业邮寄），45 天内有 13%的参观者阅读；第三份资料（参展企业邮寄），90 天内有 17%的参观者阅读；第四份资料（参展企业邮寄），5 个月内有 21%的参观者阅读；第五份资料（参展企业邮寄），8 个月内有 25%的参观者阅读；第六份资料（参展企业邮寄），11 个月内有 28%的参观者阅读；第七份资料（参展企业邮寄），14 个月内有 33%的参观者阅读。调查还显示，由参观会展导致的实际成交有 20%是在会展之后 11～24 个月达成的。

由此可见，会展的跟踪服务工作及后续寄发资料工作的频率对成交有着相当大的作用。

三、会展客户跟踪服务的要求

真诚：对客户处于顺境时表示祝贺，处于逆境时也不能忘记对客户的鼓励与支持，真诚可以赢得客户的长久支持与信任。

连贯性：与展会期间的要求相一致，不能出现前后矛盾现象。

统一性：在会展客户跟踪服务过程中，应对所有客商一视同仁，不能厚此薄彼，尤其是对观众和虽然没有参加展会但仍希望了解信息的潜在展商要做好服务。

主动性：把所掌握的新情况、新信息，主动告知客户，对询问者耐心地做好回答。

及时性：对客户的后续跟踪服务要及时、快捷，不能拖拖拉拉。

人性化与个性化：会展客户跟踪服务要亲切、自然、有人情味，使客户乐于接受，避免程式化。跟踪服务的个性化可使服务耳目一新，让客户印象深刻，从而拥有稳定的客户群并且不断赢得更多的新客户，为成功举办展会奠定良好的客户基础。

【延伸阅读】

展会客户跟踪服务方案

1. 背景概述

随着市场竞争的日益激烈，展会成为企业宣传产品和拓展市场的重要途径。然而，仅仅参展是远远不够的，如何在展会结束后与潜在客户建立长期有效的联系，进行持续跟踪和沟通，成为决定整个展会效果的关键因素。

2. 目标

本方案的目标是通过展会客户跟踪服务，帮助企业建立与潜在客户之间的紧密联系，提高潜在客户转化率，促进销售业绩的增长。

3. 方案内容

（1）客户信息收集

在展会期间，通过各种方式（如展台签到表格、扫描名片、面谈等）收集潜在客户的基本信息，包括姓名、职位、公司、邮箱、电话等，并将信息整理录入系统。

数据支持：根据往年展会的经验数据，平均每次展会共收集约××条客户信息。

（2）感兴趣产品及需求分析

针对潜在客户，根据展会上的交流和沟通，进一步了解他们的感兴趣产品、需求和偏好。通过有针对性的问卷调查、产品演示和面谈等方式，获取更多详细信息。

数据支持：采用问卷调查的方式，针对××位潜在客户进行调查，每位客户平均回答问题××个，共收集××个需求特征数据。

（3）联系方式建立

在展会结束后的48小时内，通过电话或邮件等方式与潜在客户建立初步联系，并感谢其对展台的关注。同时，提供相关产品资料和展会特别优惠，并列出后续的跟踪计划和联系方式。

数据支持：在测试阶段，以往企业平均每次展会能够建立联系的潜在客户数量为××人。

（4）定期跟踪与沟通

通过系统设定跟踪提醒，定期与潜在客户保持联系，通过电话、邮件或短信等方式进行产品更新、优惠信息推送，并邀请客户参加企业组织的活动、展览或研讨会等。

数据支持：通过过去一年的数据统计，每月平均有××位客户参与到跟踪和沟通中。

（5）销售机会转化

通过长期的跟踪与沟通，识别和培育潜在客户中的销售机会及时转交给销售团队进行跟进，并对销售机会进行记录和追踪。

数据支持：在过去一年的数据分析中，通过展会客户跟踪服务，共转化了××个潜在销售机会。

（6）客户满意度调查

定期进行客户满意度调查，了解客户对产品和服务的评价，以及对展会客户跟踪服务的满意程度。通过追踪客户满意度指标，不断优化服务方案。

数据支持：过去一年的客户满意度调查中，获得了××%的客户满意度。

4. 方案效果评估与调整

通过系统的数据统计和分析，定期对方案进行效果评估和调整，根据实际情况进行改进，以提高整体效果和转化率。

在展会结束后，需要对客户进行持续的跟踪与服务。通过定期发送展会回顾、行业动态、新产品信息等邮件或短信，保持与客户的联系与沟通，为客户提供持续的价值与支持。同时，还可以邀请客户参加下一届展览会的筹备活动或推介会，为客户提供更多合作与发展的机会。

展会现有客户需要持续维护，不断优化服务提升客户的满意度。定期与客户联系，了解他们对广交会展中的问题或疑虑。向客户提供最新的展会信息，保持他们对展会的兴趣和需求。与客户建立信任关系，让展会的客户愿意合作并保持长期关系。

如何做好展会流失客户的挽回？

一般情况下，虽然为维护良好的客户关系做出了努力，但客户流失仍然是一个不可避免的问题。在竞争激烈的背景下，挽救展会客户需要制定有效的客户挽回策略，尽量减少客户流失带来的损失；针对退化阶段的客户采取相应的对策来挽回。

（1）寻找展会后客户流失原因

了解客户流失的原因，自身原因导致客户流失的，应立即道歉并采取补偿措施，如退款、提供优惠等，以增加客户满意度并重建信任关系。此外，可以考虑增强附加值，如提供更多的服务支持、培训等，吸引客户回归。

新客户的流失原因可能是对展会服务不满意、未能得到优惠价格。老客户的流失可能是被更优秀的国际展览吸引、面对市场需求的变化未进行调整。

总之，定期跟进、了解展会客户流失的原因并采取相应措施进行挽回，能够有效地管理客户关系，提高客户满意度和忠诚度。

（2）促进客户关系再发生

实施客户关系再发生策略，针对的是展会后已经流失的客户，通过有效的沟通与互动来重新建立联系与信任。通过电话、网络、社交媒体等渠道与客户取得联系，了解客户的最新需求与动态。同时，还可以为再次参加展会的客户提供一些优惠政策或定制化的服务方案，以吸引客户重新关注展会并考虑再次合作。通过实施客户关系再发生策略，尽可能地挽回流失客户并重新建立长期稳定的合作关系。

具体工作包括：持续跟进客户需求，了解客户的需求和偏好；创新展会服务模式，根据客户需求和市场变化，提供专业的一对一服务；建立有效的客户反馈机制，定期收集和分析客户反馈意见，并采取相应的措施解决问题。

通过以上路径，实现客户关系再发生，同时，注意保持与客户的良好关系，避免客户再度流失。

任务二 开展评估

一、展览评估的含义及作用

（一）展览评估的含义

评估即评价和估量。

从广义上说，展览评估是对展览活动所产生的社会效益、经济效益以及服务过程等方面的综合评价。从狭义上来说，对于展览活动的举办者或者参加者而言，一次展览活动往往需要投入大量的人力、财力和精力，有很多宝贵的经验和教训需要借鉴和总结。

从绿色展览的角度来说，广义的绿色展览评估还应包括展览活动是否实现了低碳，是否实现社会、经济和环境的协调发展。

狭义的绿色展览评估应综合考虑展览活动所涉及的各个方面，包括会址、服务、餐饮、住宿、交通、活动和材料供应等，通过减少展前资源投入及可再生资源的有效利用，加强展中资源的循环利用，减少展后废弃物的排放，实现绿色展览的目标。

（二）展览评估的作用

展览评估的作用主要有以下几个方面：

1．展览评估有利于展览会的正确定位

展览评估可以给组展商提供有关展览会的各种数据和资料。通过对多年数据和资料的比较分析，组展商可以全面了解展览会的发展状况，判断展览会所处的发展阶段以及在同类展览会中的地位，制定下一步的发展规划。同时，通过数据比较和分析，组展商可以发现展览会发展和变化的趋势，如参展商层次和类型的变化、观众来源和职位变化等，从而更好地调整展览会的定位以适应发展的需要，促进展览会更加健康持续地发展。

2．展览评估有助于改善展览会的组织和运营工作

展览的组织和运营是一个错综复杂的过程，在实际的工作中，计划往往与目标有偏差。展览评估通过对整个展览组织和运营全过程进行回顾，对展览总体工作、各项具体工作以及社会经济效益等方面进行检查和评价，能够发现展览的优点和存在的问题。另外，展览评估可以对照《绿色会展运营指南》《绿色展台评价指南》《环保展台设计制作指南》等对绿色展览情况进行评估，以便对今后的绿色展览运营进行完善。

3．展览评估可以为参展商和观众决策提供参考依据

一次展览结束后，组展商都会对外发布展后总结报告。展后总结报告一般在展览评估的基础上，选择外部利益相关者比较关注的内容撰写而成。展后总结报告一般都会对展览基本概况进行综合性的描述，发布参展商及观众数量、来源、满意度等关键信息，既可以让现有的参展商和观众更加了解展会，也是潜在的参展商和观众获取展会信息、评价展会的重要途径。从这个角度来看，展览评估报告能够为参展商和观众决定是否参加下一届展览会提供参考依据。

二、展览评估的主体

展览评估主体是指直接或间接参与展览活动评估过程的组织、团体或个人。它解决了“由谁评估”的问题。具体来说，展览活动的评估主体包括以下部门或个人。

1．展览行业主管机构

展览行业主管机构包括对展览行业实施行政管理的相关政府部门以及展览行业性组织。展览行业主管机构可以对一段时期内展览行业整体发展状况实施宏观评估，也可以对具体的展览项目进行微观评估。

2．展览组织者

展览组织者对展览项目进行评估是展览项目管理的重要环节，能够为展览后续服务提供基础材料，也有利于调整项目运营策略，进一步推动项目发展，从而塑造项目和企业的品牌形象。这类评估一般由主办方自愿进行，自行组织。

3．第三方机构

第三方机构是指得到委托或授权对展览项目展开评估的中介机构，如科研机构、评估公司等。由专家学者和社会组织组成的专业性的第三方机构具有中立、客观、专业的特征，特别是具有人才、理论和学术优势，能提出更多专业性的指导意见，能够提供客观而科学的评估结果。展览行业主管机构、展览组织者都可以委托第三方评估机构来评估展览项目。

4．展览利益相关者

展览利益相关者主要是指参展商、观众等展览活动参与者、赞助商、媒体等相关机

构。展览相关者可以从各自角度出发对展览项目进行评估，主要是评估展览项目对自身的价值，参与过程、方式与效果。其中，媒体往往以第三方机构的立场对展览项目进行评估和评选。

三、展览评估的原则

1. 客观性原则

客观性原则是展览会评估的基本原则。展览会评估的根本目的是提高展览会的办展水平和可持续发展能力，这就要求展览会评估能够客观、真实地反映展览会的实际状况，并通过评估肯定成绩、发现问题，进而改善展览会的管理工作。

2. 一致性原则

一致性原则强调对展会的评估要有一致性，即坚持使用同一种评估方式、评估体系、评估标准和评估程序。只有这样，评估的结果才会客观、公正、合理，并且保证多次评估之间具有可比性，以便组展商发现问题、改善管理。

3. 连续性原则

展览会项目往往具有连续性，越是品牌展览会，其生命力越强。但是，由于每一次展览会所处的社会经济环境存在一定的差异，有时还会受到一些不可抗力因素或突发公共事件的影响，因此展览会的各项指标出现起伏难以避免。因此，展览会评估要想做到科学、全面，就必须坚持连续性原则，对展览会进行不间断的评估。从国内外的实践来看，展览会评估一般至少以连续三年的数据作为依据，通过比较可以分析展览会发展状况是否良好。

4. 可行性原则

可行性原则是指展览会评估的方案以及指标体系要切实可行、易于操作，具体包括两方面的要求：一是提高展览会评估的效度；二是展览会评估要易于操作。

5. 定性和定量相结合原则

定性评估采用非数量化的评估方法，其目的是对展览会项目的过程和结果进行性质描述、分析和评价，做出定性的评估结论。定量评估是一种数量化的评估方法，其目的是对展览会的过程和结果进行数量描述、分析和评价，做出定量的评估结论。进行展览评估的时候要将定性评估和定量评估结合起来，最大限度地做出比较准确的评估。

四、展览评估的内容

一般来说，展览评估的内容包括如下方面：

1. 展出目标评估

展出目标是否合理，需要根据展出者的经营方针、市场条件、会展情况等进行。

2. 展台人员评估

对展台人员的评估一般通过询问参观过展台的观众来了解和统计，或者计算展台人员每小时接待观众的平均数。此外，还要注意展台人员组合安排是否合理，效率是否高，言谈、举止、态度是否适合等。

3. 展台评估

展台评估主要考虑两点：一是展台人员实际接待目标观众的数量在目标观众总数中的比例；二是展台总开支除以实际接待的目标观众数量之商。有一种评估展台的指标称作展览记忆率，它是指参观者在参观展台后 8～10 周仍能记住展台情况的比例。

4. 展品工作评估

展品工作评估主要包括展品选择是否合适、市场效果是否好等。

5. 设计工作评估

对设计工作的评估分定性和定量两方面，即展台能否表现公司形象、展台图表资料是否有助于展出、是否能使展台突出和易于识别，展台设计和施工的成本效率、展台和设施的功能效率、各种与竞争者的数据比较等。

6. 宣传工作评估

宣传工作评估主要包括宣传和公关工作效率、宣传效果、资料散发及媒体的评价等。

7. 管理工作评估

管理工作评估主要包括会展筹备管理的质量和效率，展台管理的质量和效率，管理工作有无疏漏，尤其是会展的后续跟踪服务方面。

8. 费用评估

费用评估主要包括预算制定得是否合理、预算执行状况等。

五、绿色展览评估的流程

（一）评估流程

绿色展览评估是根据 PDCA 原则评估、总结展览绿色实施经验和不足，拟定提升措施。提升措施可以纳入下一周期展览的展览绿色运营方案。此外，还要依据展览全过程的数据，根据方案确定的评估指标，分析本期展览绿色运营情况。

广义绿色展览评估包括前期对活动筹备情况及运营管理情况进行低碳评价、中期对活动边界范围内温室气体排放进行核算、后期对碳中和程度进行评估。

1. 前期碳排放评价阶段

展览活动组织者应事先制订低碳评估实施计划，实施计划主要内容应至少包括：展览活动的基本信息，包括举办时间、举办地点、活动流程、交通方式、餐饮形式，以及筹备情况及运营管理情况等；温室气体排放核算边界，包括展览活动筹备、举办、收尾过程的温室气体排放核算边界，预估温室气体排放量，计划实现的温室气体减排措施；碳中和的抵销方式，碳中和评价及实现声明。

2．中期核算阶段

温室气体减排行动实施：展览活动组织者应从活动筹备开始，根据活动实际情况，采取合适的减排措施减少温室气体排放，并确保减排措施的有效性。温室气体减排行动的实施应包括但不限于下述要求：采用可再生能源及节能型高性能设施；考虑展览活动场地、住宿场地、展会材料、耗材运输等方面采取的节能减碳措施；对展览活动进行前期碳排放评价，根据评价结果必要时实施改进措施，以确保最大限度实现展览活动温室气体减排。

温室气体排放核算边界：展览活动温室气体排放核算边界主要包括展览活动的地理边界、时间边界及设施边界。地理边界：包括活动举办场地的地理范围、展会材料往返运输和参加活动人员往返交通的地理范围；时间边界：包括活动从筹备到收尾的全过程；设施边界：包括为活动举办场地提供服务的固定源设备（如照明灯、空调、锅炉等）、展台展板与移动源设备（如公共汽车、小轿车等）及活动过程中提供的其他设施设备。

温室气体排放统计和管理：对展览活动温室气体排放源进行监测，包括但不限于以下几个方面：展览活动核算边界范围内能源品种及其消耗量；核算边界范围内外购入电力、热力量；展览活动组织方和参与方等相关人员往返交通方式及交通里程；活动期间组织方及参与方等相关人员的住宿、餐饮信息；展览活动使用的耗材用品种类及消耗量；展览活动展台材料运输交通方式及交通里程。展览活动组织者应建立碳排放管理体系，鼓励建立资源回收利用制度及数字化管理系统。展览活动核算边界内温室气体排放统计数据应形成文件并记录，以便进行分析和核查。

3．后期中和阶段

碳中和实现的基本要求：展览活动结束后应实施碳中和，当温室气体核算边界内温室气体排放量小于等于用以抵消的碳信用或新建碳汇林产生的碳汇量时，则判定实现碳中和；反之则不能判定实现碳中和。展览活动组织者在活动结束前进行碳中和声明的，应做好会后评估工作，并由认证机构后期认证。用于抵消展览活动温室气体排放量的碳信用应在活动核算边界以外产生，且应在相应的注册登记机构注销，不得作为任何其他用途使用。通过新建碳汇林产生碳汇实现碳中和的展览活动，其碳中和声明可委托第三方机构针对碳汇量测算，实施碳中和评价，确认实现碳中和；通过获取碳信用的抵消方式实现碳中和的展览活动，其碳中和声明应在确认实现碳中和后进行。

碳中和抵消的基本要求：展览活动组织者应在活动举办结束后，根据温室气体排放总量，进行碳中和抵消，应满足下述要求：通过新建碳汇林、获取碳信用等方式，对展览活动温室气体排放量进行碳中和抵消；通过全国碳排放权交易机构或独立可信的地方机构进行碳中和抵消。

碳抵消方式之一：新建碳汇林抵消。采用新建碳汇林实施碳中和时应满足下述要求：核算边界外自主开发碳汇林，通过植树造林等形式抵消展览活动产生的碳排放量，经第三方机构测算，产生的林业碳汇量可以抵消活动产生的温室气体排放，实现碳中和。采用新建碳汇林用于中和展览活动的温室气体排放量后，不可作为中国温室气体自愿减排项目或者其他减排项目继续开发，也不可再用于开展其他活动或项目的碳中和。可采用新建碳汇林抵消部分或全部中和核算边界内产生的温室气体排放量，实施时间不得晚于大型活动结束后 10 日内。

碳抵消方式之二：获取碳信用抵消。按照以下优先顺序使用碳信用进行抵消，实施时间不得晚于展览活动结束后 10 日内：中国温室气体自愿减排项目产生的“核证自愿减排量”（CCER）；经省级及以上生态环境主管部门批准、备案或者认可的碳普惠项目产生的减排量；经联合国清洁发展机制（CDM）或其他减排机制签发的中国项目温室气体减排量。

碳中和评价的基本要求：展览活动结束后，展览活动组织者委托符合要求的独立第三方机构开展碳中和评价。

碳中和实现声明：

展览活动组织者在碳中和实现并经评价后向社会做出公开声明或由认证机构发布碳中和证书。其中，公开声明应包括以下内容：

展览活动名称：

展览活动组织者名单；

展览活动举办时间；

展览活动低碳评价；

展览活动温室气体核算边界和排放量。

碳中和的抵消方式及实现碳中和日期。

碳中和的评价方式、评价机构的名称及评价结论（如有）。

声明组织（人）和声明日期。

（二）参展商运营评估要点

1. 筹备阶段

是否在展台、展品、出行、住宿、物流、广告等方面提前明确绿色参展行为，制定绿色措施。

是否优先选择具备绿色实施能力的展览服务商。

2．布展阶段

是否优先采用可循环使用或可降解材质的包装材料。

是否优先采用轻质减量、循环使用、模块化的展览展示材料。

3．展出阶段

是否落实筹备阶段明确的绿色参展行为。

是否采取积极措施避免展出行为对环境产生光污染和噪声污染等负面影响。

是否使用环保手段展示企业、产品信息；宣传资料采用可循环材料。

是否通过信息化手段获取彼此信息，减少纸质名片的收集。

是否优先选择绿色出行，如公共交通方式，选择获得绿色相关认证、邻近公共交通系统的住宿地点等。

4．撤展阶段

是否采用绿色低碳方式回运展品。

是否确实回收展位装饰物、宣传物等。

是否将不需要但功能完整的展品等物资赠与当地学校或社会福利团体。

（三）展览场馆运营方运营评估要点

1．筹备阶段

是否在接洽展览时，向主（承）办单位建议实施展览绿色运营。

是否优先向具有完整、可行的展览绿色运营方案的展览主（承）办单位提供展览场馆租赁服务。

是否发挥场地优势，借助展览等向社会公众传播展览绿色发展理念。

是否建立并提供垃圾分类点。

2．布展阶段

是否要求并监督与展览场馆运营方合作的展览服务商落实绿色措施。

是否在交通、施工、餐饮、垃圾处理等方面予以指导和支持。

3．展出阶段

是否加强交通疏导，降低对附近居民的负面影响。

是否监测展览场馆的粉尘及有害气体检测值，确保符合 GB 3095—2012 中的二类功能区要求。

是否在公共区域使用节能、节水设备。

是否提供无障碍设施并保障其正常运行。

是否为主（承）办单位举办关于展览、展材、运输等绿色题材交流会提供便利。

4. 撤展阶段

是否配合主（承）办单位监督参与撤展的展览相关方按要求落实绿色实施措施、作业规程。

是否配合主（承）办单位制定展台拆除、展品运输、展架运输的撤展方案，做好人员管理、物流运输、垃圾清理等的相关工作。

（四）展览服务商运营评估要点

1. 展览展示工程公司运营要点

设计展台时，是否符合“3R”原则和装修简约化、构件标准化、材料环保化的发展趋势。

搭建展台时，是否选用展览专业器材，节能环保设备；使用轻质，安装拆卸便利，运输难度小的材料，采用模块化、构件化等作业方式。

展台施工时，是否采取环保措施控制现场噪声污染、降低扬尘产生和有害气体排放等措施是至关重要的。

是否规范回收可重复使用的构件及装饰材料，确保展览装修装饰材料、电气材料和设备设施 100%收回。

是否采取措施减少固体废物的产生。

是否依法依规处置产生的固体废物，并采取了分类收集，按不同性质、类别分开码放；分类运输，按不同性质、类别分开运输；分类处理，按类型进行再使用、再回收或无害化处理；收集、存放、处理等过程中，宜采取防扬散、防流失、防渗漏或者其他防止污染环境的措施；运出和后续处置宜委托有资质的企业进行等措施。

2. 交通物流企业运营要点

是否具备绿色交通物流能力，如车辆采用节能环保技术、新能源和清洁能源等。

是否采用绿色低碳运输方式，如采用高效的运输组织方式，提高城市配送效率等。

是否提高物流信息化水平，如通过科学技术推动跨领域、跨运输方式、跨区域的物流信息互联互通。

3. 信息化服务企业运营要点

是否积极支持主（承）办单位、展览场馆运营方等其他展览相关方开展信息化作业，包含展位申请、证件办理、展览宣传、现场管理、业务受理、标志设置等。

4. 餐饮服务商运营要点

是否制定和实施节能节水、用餐引导、垃圾分类、废水废气处理等措施。

是否现场宣导，鼓励合理用餐，降低浪费。

是否采用符合相关卫生标准的食品原材料是至关重要的。

是否减少包装或避免不必要的包装，包装采用无害、环保材料。

是否减少一次性餐具使用量，如确需使用，优先选择可生物降解材料。

是否实施垃圾回收、分类处理措施是至关重要的。

5．垃圾处理商运营要点

是否在展览全过程实施垃圾分类和资源回收措施。

是否提前制定垃圾分类方案，并确定垃圾分类点、资源回收点等。是否在分类回收、处理生活垃圾、固体废物，并遵循处理生活垃圾时，采取“不分类，不收运”原则；处理固体废物时，采取“分类、集中和无害化”原则；如涉及危险固体废物处理时，具备危险废物经营许可证资质，并依据《中华人民共和国固体废物污染环境防治法》要求处理。

垃圾收集、分类、处置是否符合当地政府垃圾分类制度要求。

六、展览评估的程序

展览评估一般可分为评估前的准备、组织评估小组、制订评估计划、调查收集资料、分析测算以及撰写评估报告等六个阶段。

1．评估前准备

展览评估者在签订委托评估合同后即可以开始评估的准备工作，主要包括熟悉展览项目的情况，明确评估的重点和难点。此外，要与评估将会涉及的相关人员建立起沟通渠道，指定评估工作的项目负责人和联络人等。

2．组织评估小组

展览评估应根据展览项目的行业特征和繁简程度，由项目经理选择专家组成评估小组。在人员组成方面，一般包括：市场分析人员，负责展览项目举办的必要性、市场分析等评估内容；工程技术人员，负责场馆设施的技术要求、设备安装、环境保护等数据整理与评估内容；财务、经济分析人员，负责展览项目的投资估算、财务分析、资金来源和经济评价等评估内容；其他辅助人员等。

3．制订评估计划

展览评估小组成立后应首先制订一个详细的项目评估计划，以指导评估工作的正常进行。评估计划一般包括评估的内容、评估的重点、资料清单和评估的具体进度安排等。

4．调查收集资料

根据评估计划和人员分工情况，需要各负其责地对评估所需资料和信息进行调查、收集，并加工处理。一般来说，展览评估需要收集的资料有展览市场资料，包括展出品市场的供求现状、趋势、价格、来源和销售方向等；展览项目可行性研究报告中的各项原始数据及必要依据；相关的展览制度、规定、规范和办法等。

5．分析测算

在对所调查的资料进行加工整的基础上，应该对展览项目进行全面的分析，且要测算展览计划的执行情况。分析测算主要包括会展市场分析、技术分析、基本财务及经济数据预测、财务分析、经济分析、风险分析和社会评价等内容。

6．撰写评估报告

展览评估报告是评估机构依据评估要求，将分析测算的结果按照既定格式所形成的文字报告。展览评估报告是展览评估活动过程的直接结果。因而，评估报告不能以展览项目相关利益方的语气来撰写，而应站在第三方的立场上，用数据说话，大量运用比较分析的方法，客观真实地提供有说服力的评估结论。

一般来说，评估报告主要包括评估背景和目的、评估方法和手段、评估结果、结论和建议。

【延伸阅读】

品牌展会评估方案

随着市场竞争的日益激烈，品牌展会成为企业推广产品和服务、建立品牌形象、开拓市场的重要途径。品牌展会的成功与否直接关系到企业的营销效果和声誉。然而，如何科学评估品牌展会的效果，找出展会中的问题并提出改进方案，成为许多企业面临的难题。本文将介绍品牌展会评估的意义、目的、方法以及实际操作方案，帮助企业更好地规划和实施品牌展会。

一、品牌展会评估的意义

品牌展会评估是指在品牌展会举办结束后，对展会效果进行全面客观的评估，以便更好地指导企业今后的品牌展会策略和方向。品牌展会评估的意义主要体现在以下几个方面：

（1）了解市场反馈：通过展会评估，企业可以及时了解市场对产品或服务的反馈，包括市场认可度、销售情况、竞争对手动态等信息。

（2）发现问题和优势：评估能够帮助企业找出在展会中存在的问题和不足之处，同时也能发现企业在市场中的竞争优势，为调整战略提供依据。

（3）提高展会投资回报率（ROI）：通过评估展会效果，企业可以更好地了解投入与回报的关系，有针对性地调整展会策略，提高 ROI。

（4）持续改进：评估可以为企业提供有力的反馈信息，指导企业不断改进品牌展会的策略和执行方式，提高企业在市场中的竞争力。

二、品牌展会评估的目的

品牌展会评估的目的在于全面客观地评价展会的效果和价值，为企业提供数据支持和决策建议。品牌展会评估应该注重以下几个方面的目标：

（1）评估市场反馈：了解市场对展会产品或服务的认可度、接受程度和需求程度，为产品定位和市场定位提供依据。

（2）评估销售情况：分析展会期间的销售数据，了解销售量、销售额、客户来源等情况，评估展会对销售业绩的影响。

（3）评估品牌影响力：通过展会评估，了解品牌在展会中的曝光度、知名度和影响力，评估品牌形象在市场中的传播效果。

（4）评估成本效益：评估展会投入与产出的关系，分析展会对企业的经济效益和社会效益，为企业的财务决策提供支持。

（5）提出改进建议：基于评估结果，提出针对性的改进建议和优化方案，帮助企业更好地利用品牌展会资源，提高展会效果。

三、品牌展会评估的方法

品牌展会评估需要依靠科学的方法和工具来进行，以确保评估结果客观准确、指导性强。以下是常用的品牌展会评估方法：

（1）数据统计分析：通过收集展会期间的数据，包括参展人数、成交量、访客反馈等信息，进行数据统计分析，了解展会效果。

（2）质量调查：通过面对面或问卷调查的方式，获取参会人员和客户对展会的满意度、反馈意见和建议，评估展会服务质量和效果。

（3）社交媒体监测：通过监测社交媒体上对展会的评论和讨论，了解公众对展会的关注度和评价，评估品牌在展会期间的影响力。

（4）经济指标评估：通过对展会成本、产出、ROI 等经济指标的分析，评估展会对企业经济效益和市场影响力的贡献。

（5）专家评估：邀请行业专家或顾问团队，通过专业性的评估和建议，为企业提供更客观和权威的展会评估结果。

四、品牌展会评估方案的实际操作

品牌展会评估是一项系统工程，需要企业全员参与，结合多种方法和资源，以确保评估结果客观、全面和准确。以下是品牌展会评估方案的实际操作步骤：

（1）设定评估指标：在展会策划阶段就应明确评估指标，包括市场反馈、销售情况、品牌影响力、成本效益等方面，为后续评估提供依据。

（2）数据收集和整理：在展会期间进行数据收集和整理，包括现场统计数据、人员反馈意见、销售数据等信息，确保评估数据的真实性和准确性。

（3）综合分析评估：采用多种评估方法和工具，进行数据分析和综合评估，了解展会效果和问题所在，并提出改进建议和优化方案。

（4）展后总结汇报：在展会结束后及时总结评估结果，撰写评估报告并向企业高层领导汇报，分析展会效果和价值，提出下一步的品牌展会策略建议。

（5）持续改进和迭代：根据评估结果，不断改进和优化品牌展会策略和执行方式，实施有针对性的改进方案，提高展会效果和 ROI。

品牌展会评估是企业在推广产品和服务、提升市场竞争力过程中的重要环节，通过科学的评估方法和方案，可以帮助企业更好地规划和实施品牌展会，提高展会效果和市场影响力。

（资料来源：2022 齐齐文库）

任务三　总结工作

一、展览总结的作用

1. 通过总结各种经验，可以继续发扬好的做法

从展览最初的策划立项、招展招商到最后圆满闭幕，各个工作人员都充分发挥自己的聪明才智，努力地工作。每个工作小组都充分调动各方面的积极性，协调配合，努力把各种筹备工作做好。在上述各种工作中，一定会涌现出一些富有创新意义的做法，对于这些好的做法办展机构要好好总结。如果这些好的做法富有普遍性，可以将它们吸收进办展筹备的正式业务流程，在以后的工作中继续发扬；如果它们是针对某一问题的良好解决办法，办展机构可以将它们作为备案保存，以备今后需要时使用。通过经验总结，可以将各业务人员的智慧集中为公司的智慧，将各工作人员的经验汇集为公司的经验，这样，今后的筹展工作将越来越顺利。

2. 通过总结发现问题，以改进以后的工作

展览工作是一项大型的社会公众性活动，工作繁杂，工作人员众多，牵涉面广，在筹备工作中难免会出现这样或那样的问题。对于这些问题，办展机构要通过及时的会展总结，分析问题发生的原因，探讨当时解决问题的办法是否最优。通过总结，发现问题、分析问题、解决问题，以便在今后的工作中能提前预防问题的出现，减少问题的发生。通过总结，发现工作流程中某些不合理的做法，以便在今后工作中加以改进。

3. 为继续办好下一届展览会做准备

进行展览总结，固然是为了发现好的做法，避免问题的继续存在，但进行展览总结

的一个根本目的，是为继续办好下一届展览做准备，为下一届展览铺平道路。通过展览总结，使本届展览的一些好的做法在下一届继续发扬，让本届展览出现的一些问题不至于在下一届再出现。展览总结，对于吸取本届展览活动的经验教训，改进下一届展览活动的策划、招展招商、展览服务以及现场管理等具有重要作用。

二、展览总结报告的主要内容

展后总结报告是组展商对外发布的展览会总结性报告，主要目的是将展览会的概况、成果和评价提供给利益相关者作为参考，也是展览会进行后期宣传推广的方式之一。随着展览会管理工作的逐渐成熟，在展览会结束后对外发布展后总结报告已经成为业界的惯例，其重要性也不言而喻。一般来说，一份完整的展后总结报告应该包括以下五个方面的内容：

（1）展览会概况：主要包括展览会时间、地点、规模、媒体支持等基本信息。

（2）参展商基本情况：主要包括海内外参展商数量、地区来源、展出面积、企业知名度、企业规模、参展目的等信息。

（3）专业观众基本情况：主要包括展览会参观人次、海内外专业观众数量、地区来源、参观目的、工作性质等信息。

（4）展览会抽样调查：主要参展商和专业观众对展览会的总体和各项具体工作的评价。

（5）总结与展望：主要对本届展览会的特点和成果进行简要总结，并对下一届览会的工作进行说明和展望。

【延伸阅读】

中国展览馆协会发布《中国绿色展览发展报告（2024）》

中国展览馆协会成立40周年纪念活动的其中一项重要议程——《中国绿色展览发展报告（2024）》（下文简称《报告》）于2024年7月18日正式发布，这是全国首个关于绿色展览发展的系统性报告。

《报告》共分为前言、正文、附录三部分。其中，正文部分包括七个专题：绿色展览概念的缘起与演进，我国推进绿色展览面临的形势、机遇和挑战，我国绿色展览的碳中和分析，推动绿色展览发展的举措建议，绿色展览实践优秀案例概述，各级绿色展览标准综述，全国各地对绿色展览的优惠鼓励政策评述。

《报告》系统梳理了绿色展览概念的缘起与演进、分析了目前推进绿色展览面临的形势、机遇和挑战，提出了推进我国绿色展览发展的举措建议，分析了碳中和视角下绿色展览的发展前景，展示了国内优秀的绿色展览实践案例，汇总了我国已发布的各级绿色展览标准，摘录了全国各地鼓励绿色展览的相关政策。报告内容从全面性、前瞻性和实用性三个维度，为我国会展业迈向绿色、低碳、可持续发展提供了指南。

中国展览馆协会表示，《报告》的发布，标志着我国展览业正以前所未有的决心积极融入全球绿色展览的浪潮之中，不仅是对国际绿色会展趋势的顺应，更是对绿色展览理念的深刻诠释与传播。《报告》通过一系列举措建议的提出，如实施绿色场馆的管理与运营、推动绿色展会项目的落地、深化绿色展览领域的系统研究、强化绿色会展教育与培训体系建设等，全面激发会展行业的绿色创新活力，加速打通绿色展览“三链条”，推动我国绿色展览从理念走向实践，为行业的可持续发展奠定坚实基础。

中国展览馆协会强调，我国的绿色展览事业是一个逐步发展、循序渐进的过程。《报告》意在成为今后系列报告的开篇之作，在接下来的工作中，编委会还将及时跟进绿色展览的各个发展动态，形成一个绿色展览研究、成果发布的系列。希望以此更高举起绿色展览之旗，更加坚定绿色展览方向，为实现我国会展业的绿色转型与高质量发展贡献智慧与力量。

（资料来源：支艳蓉，中国经济网，2024-07-24）

【绿色视角】

某电子产品展的绿色展位设计与搭建

在追求可持续发展的时代背景下，某电子产品展会的绿色展位设计与搭建，成为行业内绿色发展的典范。该案例不仅体现了环保理念与商业活动的完美结合，也为未来展会活动的绿色转型提供了宝贵的经验。

一、绿色展位设计理念

该电子产品展会的绿色展位设计，以“环保、节能、循环”为核心理念。在规划阶段，就充分考虑了资源的高效利用和环境的低负荷影响。通过使用环保材料、节能照明以及可循环利用的展台结构，展示了企业对绿色发展的高度承诺。

二、绿色材料的选用

在展位搭建过程中，大量采用了环保材料。例如，使用可回收的金属材料、低碳板材以及植物基展览材料，不仅降低了传统塑料材料的使用，而且提高了展位的可循环性。此外，展位中的展示柜和展台设计也充分考虑了材料的再利用，确保展会结束后材料的再次利用。

三、节能与低碳技术应用

节能技术的运用在绿色展位中尤为关键。该电子产品展的展位采用了 LED 节能照明系统，不仅亮度充足，而且大大减少了能源消耗。同时，还配备了智能电源管理系统，通过监控和调整电源使用，减少不必要的电力浪费。此外，部分展示区域还结合了太阳能技术，利用太阳能为展位提供清洁的能源。

四、空间规划与资源循环利用

空间规划上，绿色展位注重空间的合理利用，避免了浪费。展示区域与功能区域的划分清晰，流线设计合理，既方便了参观者的参观，又提高了展位的展示效率。展会结束后，所有搭建材料均经过分类回收，确保材料的再次利用，大大降低了展会的碳排放和环境影响。

五、生态友好的设计与搭建过程

除展位本身的绿色设计外，该电子产品展还注重在搭建过程中的环境影响控制。采用模块化设计的展位结构，使得搭建和拆卸过程更加便捷和高效。同时，通过合理的施工安排和废弃物管理，减少施工过程中的噪声和粉尘污染。

六、启示与影响

该电子产品展的绿色展位设计与搭建，不仅展现了企业的环保责任，也为行业树立了绿色发展的标杆。通过这一案例可以得到启示：在展览活动中融入绿色发展理念，不仅可以提升企业的社会形象，也有助于推动整个行业的可持续发展。

【任务小结】

客户跟踪服务的内容：解决展会期间的未了事宜服务、展会信息服务、解答客户疑问服务、整理展会的资料、与客户建立良好的沟通合作关系。

展览评估的含义：展览评估就是对展览活动价值与效果的评价和估量，即对展览的举办环境、展览活动的各项工作以及展览所产生的效果进行系统的、深入的评价。

展览评估的原则：客观性、一致性、连续性、可行性、定性和定量相结合的原则。

展览评估的内容：展出目标评估、展台人员评估、展台评估、展品工作评估、设计工作评估、宣传工作评估、管理工作评估、费用评估、绿色展览评估。

【案例】

2018 世界 VR 产业大会晒成绩单

10 月 20 日，2018 世界 VR 产业大会产业对接会上，江西省政府亮出了 VR 大会招商成果，157 个协议项目达成意向，总投资额 631.5 亿元。据介绍，157 个协议和项目中，合作框架协议 3 个，硬件项目 76 个，软件项目 32 个，应用类项目 46 个。

产业对接会现场安排了 3 个战略合作框架协议和 25 个投资合作项目现场签约。3 个战略合作框架协议分别是南昌市政府与杭州海康威视数字技术股份有限公司签署的战略框架合作协议、南昌市政府与华为技术有限公司签署的战略框架合作协议、南昌市红谷滩新区与微软（中国）有限公司签署的战略合作备忘录。

25 个投资合作项目中有 4 个重点项目，分别是科莱电子触控显示一体化项目、启明星辰网络安全产业中心项目、德信光电子项目、智能 VR 视觉设备项目。

（资料来源：江西日报。）

【案例分析】

这是一份 2018 世界 VR 产业大会的总结报告。对该大会取得的成绩进行了总结，主办机构以数据列举了展会中的亮点与核心成果，如“157 个”“631.5 亿”等数据。

【任务测试】

1. 客户跟踪服务的内容和要求是什么？
2. 什么是展览评估？它的作用是什么？
3. 展览评估的原则和内容是什么？
4. 展览评估的程序有哪些？
5. 展览总结报告的主要内容都有什么？

【任务拓展】

德国展览评估机构——FKM

德国权威的展会评估机构为博览会和展览会统计自愿审核学会（Society for Voluntary Control of Fair and Exhibition Statistics），其隶属德国展览与博览协会（AUMA），德语简称 FKM。

FKM 总部设在柏林，于 1965 年由 6 家德国会展公司共同创建，创建的目的就是制定统一的展览会相关指标统计审核标准，促进会展数据的透明度和真实性。目前直属会员由在德国的 75 家会员及中国香港贸易发展局、意大利 Verona 展览公司、莫斯科 MVK 3 个国外展会机构组成。FKM 只为成员单位申报并主办的展会开展审核，每年 4 月发布对上一年展会的审核结果，并公布当年申报展会的名单。FKM 每年要对德国的 75 家会员审计约 300 个展览，一般德国展会推广方面都会有标记该展览会是否经过 FKM 审核。在奥地利和瑞士都有完全类似的机构，因为都是德语系国家，所以都简称为 FKM，但这两个国家的 FKM 与德国的互不隶属。

FKM 的工作任务是制定展览会数据统计的标准和规则，并聘请专业经济审计机构对展览会主办者填报的展览会统计数据进行审核。FKM 机构的成员要按照 FKM 的规则和标准申报展览会统计数据，接受 FKM 组织的专门机构对统计数据进行的审计，并保证在任何场合和情况下所使用和发布的展览会统计数据均与 FKM 公布的统计数据相一致。FKM 的相关数据和规则由独立的经济审核机构负责审计。授权的经济审计机构通过随机抽查的方式对各成员申报的展览会数据开展审计，包括派员到展览会现场了解情况、展览会结束后对展览会财务进行审计，或者通过问卷调查的方式进行，然后出具审计报告。

FKM 主要进行 3 个指标的量化分析和横向对比，包括展览面积、参展商数量和观众数量。展览面积包括净展览面积和毛展览面积。净展览面积主要是指国内外厂商所租用的展台面积，另外还包括被称为特殊区的与展览主题有关的图片陈列区和表演区。毛展览面积则再加上公共通道及服务区。参展商是指带有产品或服务的公司及组织，由其职员租用场地参展，如果公司的产品或服务由代理商参展，该公司不列为参展商。观众人数一般由电子入场系统统计，或统计每天售出的参观券数量，此外，FKM 还分析观众结构，是专业观众还是普通观众，以及对观众的来源地、职业、所属行业、职务、年龄、参观频率等各个指标进行细化分析。

如今，FKM 已经成为德国展览界品牌和质量的象征，受到了参展商和展览主办者的青睐。除德国展览会外，越来越多在德国以外地区由德国主办的展览会走进了 FKM 的审核范围，很多非德国展览会主办者也申请成为 FKM 的海外成员。

（资料来源：http：//www.qingdaonews.com/gh/content/2011-06/06/content_8809407.htm）

【实训】

上网收集大型展览活动的评估报告或总结报告，结合展览活动，和同学一起讨论评估报告或总结报告的撰写方法及注意事项。

项目九　绿色展览运营的专项管理

【学习目标】

1. 了解绿色展览的人员安排和团队组建。
2. 了解绿色展览财务预算与管理。

【案例导入】

CES 绿色展览的运营对展览实践与运营的推动作用

CES (Consumer Electronics Show)，即国际消费类电子产品展览会，是全球规模最大、影响最为广泛的消费类电子技术年展，也是全球最大的科技产业盛会之一。该展会由美国消费电子协会（Consumer Technology Association，CTA）主办，每年 1 月在美国拉斯维加斯举办，旨在促进尖端电子技术和现代生活方式的紧密结合。

作为全球知名的消费电子展，CES 展会在绿色展览运营方面做出了显著努力。展会施工中充分运用了模块化设计，极大地减少了材料浪费。大部分展台都采用了可循环利用的环保材料，展会的电力需求也通过绿色能源来满足。通过这些措施，CES 每年能够减少数千吨废弃物的产生。CES 是新技术和新产品的首发平台，许多全球知名的科技公司和初创企业都会选择在 CES 上发布他们的最新产品和技术。展会期间，各类研讨会、圆桌论坛、技术交流会等活动不断，为业界人士提供了深入交流、探讨行业趋势和未来发展的机会。作为全球科技界的盛事，CES 吸引了大量国内外媒体的关注，是科技企业提升品牌知名度、扩大影响力的绝佳机会。展会不仅促进了美国本土科技产业的发展，也为国际科技合作提供了重要平台，推动了全球科技产业的交流和融合。近年来，CES 展会持续关注并推动了以下领域的发展：智能家居：随着物联网技术的普及，智能家居产品成为 CES 上的热门展品，包括智能音箱、智能门锁、智能照明等。汽车科技：自动驾驶、车联网、新能源汽车等技术成为 CES 上的重要议题，许多汽车制造商和科技公司都在此展示他们的最新成果。虚拟现实与增强现实：VR/AR 技术的发展为 CES 带来了新的活力，展会上展示了各种虚拟现实设备和内容。可穿戴设备：智能手表、智能眼镜等可穿戴设备在 CES 上屡见不鲜，这些设备不仅具有时尚性，还融合了健康监测、通信等多种功能。CES 展会不仅是科技产品的展示平台，更是科技产业的风向标。通过参展，企业可以了解行业最新动态，把握市场趋势，为未来的发展做好准备。

CES 展会在绿色展览方面发挥了重要的推动性作用，一直以来都走在科技与创新的前沿。近年来，随着全球对环保和可持续发展的日益关注，CES 展会也积极响应，将绿色展览理念融入其中，引领了全球展览行业的绿色化潮流。在 CES 展会上，众多参展企业展示了他们在节能减排、循环利用等方面的创新成果。这些绿色展览技术不仅减少了展会期间的碳排放和资源消耗，还为其他展会提供了可借鉴的范例。通过 CES 展会的推广，这些绿色技术得以广泛传播和应用，推动了全球展览行业的绿色化发展。与此同时 CES 展会倡导了绿色实践，展会在策划、组织、实施等各个环节都注重环保和可持续发展。例如，展会期间采用可循环利用的展览材料，减少一次性用品的使用；优化展馆布局，提高能源利用效率；设置废弃物回收系统，确保垃圾得到科学处理等。这些绿色展览实践不仅减轻了展会的环境负担，还为参展企业和观众树立了良好的环保榜样。并且 CES 展会促进绿色展览意识的提升，展会通过举办绿色展览相关的研讨会、论坛等活动，提升了参展企业和观众的绿色展览意识。这些活动不仅让人们更加深入地了解了绿色展览的重要性和必要性，还促进了业界对绿色展览技术的交流和合作。通过 CES 展会的推动，越来越多的企业和个人开始关注并参与到绿色展览中来。

【思考】

展览作为一种典型的市场推广与交流平台，具有多重的目的性。展览包含的作用包括了市场推广，企业通过展览展示新产品、推广现有产品及服务的有效方式，可以吸引潜在客户，增加市场知名度。通过展览，企业可以塑造和加强品牌形象，展示企业文化和价值观。与此同时展览具有一定的社会责任，尤其是绿色展览，企业能够通过展示其环保与可持续发展的时间来履行社会责任。因此，如何深入贯彻绿色展览将展览本身绿色化和企业间的高效沟通也是全球所需要探讨和区域解决的重点问题。

【任务认领】

河北文旅全球推广大会于 2024 年 9 月 22 日在廊坊市丝绸之路国际艺术交流中心成功举办。此次大会由河北省文化和旅游厅与廊坊市人民政府联合主办，旨在向世界展示河北丰富的文化旅游资源和独特的文化魅力，进一步推动河北文旅产业的国际化发展。河北省拥有丰富的自然和人文资源，如长城、避暑山庄、清西陵等历史文化遗址，以及坝上草原、白洋淀等自然景观。然而，这些资源的知名度和影响力仍有待提升。通过河北文旅大会的举办有效地展示河北省的旅游资源和文化魅力，提升河北文旅品牌的知名度和影响力。

河北文旅全球推广大会主题设定简洁明了，富有吸引力，能够概括河北省的旅游资源和文化特色。大会以“这么近，那么美，周末到河北”为主题，既突出了河北省的地理位置优势，又展现了其美丽的自然风光和丰富的文化底蕴。

要求：依据所学的绿色展览的策划知识，制定绿色展览的策划方案，从绿色展览的市场调研、绿色展览的主题确定、绿色展览的论证与实施、绿色展览的策划执行绿色宣传等四个方面策划绿色展览并提出可行的减碳措施。

任务一　绿色展览的人员安排与团队组建

人员安排涉及多个方面，根据行业标准和政策支持，主（承）办单位应制定绿色展览会运营目标、方案，并牵头利益相关方推动和落实相关措施。优先选择具备绿色服务能力的企业为展览服务商，如具备环保材料设计、使用、搭建、拆除等能力的展览展示工程企业。提供绿色实施能力教育和培训，提升展览相关人员的绿色展览意识和操作技能。在布展阶段，应通过展览现场环境布置、标准展位搭建等优先采用轻质减量、循环使用、模块化的展览展示材料，突出企业形象和产品特点，避免展位过度装修，倡导和宣传绿色发展理念。展出阶段应采用信息化手段和环保手段，在宣传、参展、参观等方面实施绿色措施。撤展阶段关注展台拆除、固体废物处理、材料回收等内容，需要有专门的人员负责监督和执行。总结阶段的人员安排，以 PDCA 原则为导向形成报告，总结提升，这需要有专门的人员负责收集数据、分析问题并提出改进措施。展览场馆方需配合主（承）办单位落实绿色展览方案，这涉及场馆工作人员的安排和培训。

一、人员安排

根据展览的不同的组织部分，可以将绿色展览的人员安排分为展览的组织人员、参展商、志愿者，以及其他会务人员。

（一）组织人员的安排

绿色展览组织人员涵盖多个专业领域。核心团队包括展览策划师，他们负责构思展览主题与整体框架，从绿色理念出发，将环保元素融入展览设计的每一处细节，例如确定以“可持续材料在生活中的应用”为主题，并规划展品展示区域与讲解路线。展览设计师则依据策划方案，打造绿色环保的展示空间，选用可回收、可降解材料搭建展台，设计节能照明系统，让展览空间既美观又符合环保标准。此外，还有展品协调员，专门负责与展品提供者沟通，确保展品运输、安装过程遵循绿色原则，如使用电动货车运输展品，减少碳排放。同时，宣传推广人员负责向公众传递绿色展览信息，通过线上线下环保主题活动，吸引观众关注，如举办绿色生活讲座，宣传展览的绿色理念。现场工作人员包括引导员与维护员，引导员为观众提供环保参观引导，维护员则保障展览现场设施的正常运行与环境清洁，采用环保清洁用品，避免污染环境。组织人员分为项目负责人与环保顾问，展会宣传人员，以及物流与搭建人员。项目负责人负责整体项目的规划、协调和推进，确保绿色展览理念贯穿整个展览过程。环保顾问提供环保方面的专业指导和建议。监督展览期间的环保措施执行情况。市场与宣传人员负责绿色展览的宣传和推广。制作环保主题的宣传材料，提高公众环保意识。物流与搭建人员负责展览材料的采购、运输和搭建。选择环保材料，减少资源浪费和环境污染。在绿色展览筹备前期，各人员职责明确启动。策划师与设计师共同研讨展览主题与空间设计方案，经过多轮修改，确定符合绿色标准的初稿，例如对展示空间的布局进行多次优化，以减少材料浪费。同时，展品协调员开始筛选展品，与供应商签订绿色合作协议，明确运输与展示要求。宣传推广人员制订推广计划，确定环保宣传渠道与活动形式。进入中期，设计方案进入实施阶段，设计师指导搭建团队进行展台搭建，展品协调员跟进展品到位情况，确保安装无误。宣传推广活动逐步展开，吸引更多潜在观众。在展览后期，现场工作人员接受绿色服务培训，熟悉环保设施使用方法与引导流程。各环节紧密衔接，定期召开沟通会议，确保人员间协作顺畅，及时解决出现的问题，如在搭建过程中发现材料使用不合理，策划师、设计师与搭建团队立即协商调整。

（二）参展人员安排

绿色展览的参展人员涵盖广泛，是一个多元且专业的群体。核心参展人员包括绿色企业代表，他们携带自身研发的环保产品与技术亮相，如新能源企业展示新型太阳能板、节能家电企业带来低能耗电器，通过实体展品彰显绿色创新成果；环保组织代表积极参与，他们带来各类环保项目案例分享，如在生态修复、海洋保护等领域的实践经验，借助展板、视频等资料宣传环保理念，提升公众对环境问题的关注度；艺术家群体则以独特艺术作品诠释绿色主题，如利用回收材料创作雕塑，通过艺术感染力激发观众对人与自然关系的思考。此外，还有科研机构人员展示前沿绿色科研成果，如新型可降解材料的研究进展、高效能源转换技术等，他们通常配备专业讲解人员，为观众详细解读科研原理与应用前景。普通环保爱好者也构成参展人员重要部分，他们带着对绿色生活的热爱，参与展览互动环节，分享自身绿色生活小窍门，在展览中形成良好的环保氛围。参展商人员分为参展商代表和技术支持人员。参展商代表负责展示和推广各自的产品和技术。遵守绿色展览的各项规定和要求。技术支持人员负责产品演示和技术支持。确保展品在展览期间正常运行，减少能源消耗。

参展人员参与流程如下：

（1）报名申请阶段。

有意向参展的人员或单位，需先关注绿色展览官方发布的参展信息，了解报名时间、要求与流程。随后在规定时间内，通过线上展览报名系统或线下提交报名表格等方式，填写详细信息。绿色企业要说明企业简介、产品或技术的绿色特性、参展产品类别与数量等；环保组织须阐述组织宗旨、过往环保项目成果、本次参展展示内容规划；艺术家要介绍个人艺术风格、绿色主题创作思路、参展作品清单与图片；科研机构则需提供科研项目概况、技术优势、应用场景等信息。提交后，等待展览主办方审核。

（2）筹备参展阶段。

一旦报名通过，参展人员进入紧张筹备期。绿色企业开始准备展品运输，优先选择新能源运输车辆或采用优化包装减少运输体积，降低碳排放，同时设计搭建环保型展位，选用可回收、可降解材料，如用再生纸板制作展示架，用植物纤维地毯铺设地面。环保组织制作宣传资料，选择再生纸张印刷，策划互动活动，如环保知识问答、环保手工制作等。艺术家精心布置作品展示区域，考虑展示空间的环保照明与布局，确保作品能在绿色氛围中完美呈现。科研机构准备专业讲解资料，培训讲解人员，使其能深入浅出地向观众介绍复杂科研成果。

（3）展览开展阶段。

参展人员在展览期间各负其责。绿色企业工作人员热情向观众介绍产品，演示产品环保功能，收集潜在客户信息；环保组织志愿者积极引导观众参与互动活动，传播环保理念，与观众交流环保心得；艺术家在现场与观众分享创作灵感，解答观众对作品的疑问，促进艺术与环保理念的融合传播；科研机构讲解人员定时为观众开展科普讲座，详细介绍科研成果，解答观众关于技术应用、未来发展等方面的问题。同时，参展人员需时刻关注展位环境卫生，确保符合绿色展览标准，如及时清理垃圾，使用环保清洁用品。

（三）志愿者安排

志愿者人员分为引导员与环保监督员，以及废弃物回收人员。引导员负责引导观众参观展览，提供环保方面的咨询和建议。环保监督员监督展览期间的环保措施执行情况，及时纠正不符合环保要求的行为。废弃物回收员负责展览期间废弃物的分类回收和处理，确保废弃物得到科学处理，减少环境污染。

（四）其他人员安排

其他人员分为安保人员与清洁人员。安保人员负责展览期间的安全保卫工作，确保展览活动有序进行，防止意外事件发生。清洁人员负责展览区域的日常清洁工作，保持展览环境的整洁和卫生。

（五）不同人员的培训

为确保绿色展览的顺利进行，需要对相关人员进行培训：①环保培训，提高员工的环保意识，让他们了解绿色展览的重要性和必要性。②技能培训，针对具体岗位的技能需求进行培训，确保员工能够胜任各自的工作。③团队协作培训，加强团队之间的沟通和协作能力，提高工作效率。要根据展览规模和具体需求合理调整人员数量，避免资源浪费。要加强对员工的激励和考核，提高他们的工作积极性和责任心。

二、绿色展览团队组建

（一）团队组建的重要性与内涵

在当今环保理念日益深入人心的时代，绿色展览作为传播环保知识、展示可持续发展成果的重要平台，其成功举办离不开专业团队的支持。绿色展览团队并非简单的人员集合，而是会聚了多领域专业人才，旨在将环保理念贯穿展览筹备、举办及后续的各个环节。从展览空间设计、展品选择与运输，到现场运营管理，都需遵循绿色原则，这就要求团队成员具备相关专业知识与技能，协同合作，才能打造出兼具教育意义与艺术美感的绿色展览。例如，在一场以“可再生能源应用”为主题的绿色展览中，团队需要策划师构思如何生动展现各类可再生能源，设计师运用环保材料打造展示空间，技术人员确保展览中能源设备正常运行，宣传人员向公众有效传播展览信息。多角色紧密配合，才能让展览顺利开展。

（二）绿色展览团队的组织结构

绿色展览的组织结构犹如一座精心搭建的大厦，由多个关键部分共同支撑。团队的组织架构包括决策层、管理层，以及执行层。决策层包括：项目负责人，负责绿色展览的整体规划、决策与监督。环保顾问，提供专业环保建议与技术支持，确保展览符合环保要求。管理层包括：市场宣传经理，负责绿色展览的宣传、推广与公众参与。物流与搭建经理，负责展览材料的选择、运输与搭建工作。安保与清洁经理，负责展览期间的安全保卫与清洁工作。最终决定绿色展览成功运行的基础取决于执行层，执行层包括参展商代表、技术支持与维护人员、志愿者、废弃物回收与处理人员。

（三）团队组建流程

1．明确团队目标与职责分工

组建绿色展览团队伊始，需清晰界定团队目标。如目标设定为举办一场在行业内具有影响力、能够吸引大量观众并有效传播绿色生活方式的展览。基于此，进行细致的职责分工。设立项目经理，全面负责项目的策划、组织、协调与监督，把控展览整体进度与质量；展览设计师负责空间规划，依据绿色理念设计布局、灯光、色彩等，如使用低能耗照明设备，选用可循环利用的建筑材料搭建展台；展品专员负责筛选符合绿色标准的展品，确保其运输与展示过程环保，例如选择新能源车辆运输展品；推广专员负责制定宣传策略，通过环保主题活动、线上新媒体平台等渠道吸引观众；现场运营人员负责展览期间的秩序维护、观众服务，以及确保现场环境整洁，采用环保清洁用品。

2．人员招募与选拔

根据职责分工进行人员招募。可通过招聘网站、行业论坛、专业人才推荐等多种渠道发布招聘信息。对于招聘的人员，需严格选拔。如招聘展览设计师时，要求其具备丰富的展览设计经验，尤其在绿色设计方面有成功案例，熟悉环保材料特性与应用；招募展品专员，需其有良好的供应商沟通能力，了解绿色产品认证标准，能准确筛选展品；推广专员则需擅长新媒体运营，熟悉环保宣传策略。通过面试、案例分析、技能测试等环节，选拔出专业能力强、认同绿色理念的人员加入团队。

3．团队培训与磨合

新成员加入团队后，开展系统培训。培训内容涵盖绿色展览相关知识，如环保材料知识、绿色能源应用、可持续发展理念等，提升团队整体环保认知水平。同时进行专业技能培训，如设计师的绿色设计软件操作培训，推广专员的环保主题宣传技巧培训。在培训过程中，组织团队建设活动，增进成员间了解与信任，促进团队磨合。例如举办户外环保拓展活动，在活动中设置团队协作任务，让成员在实践中建立默契，为后续工作中的高效协作奠定基础。

任务二　绿色展览的财务预算与管理

绿色展览的财务预算与管理，是指在举办绿色展览过程中，对涉及的所有资金收支进行精准规划、严格控制与有效监督的一系列活动。它并非仅仅是简单的资金核算，而是贯穿展览筹备、开展及后续评估的全流程，致力于在确保展览充分体现绿色理念并达成预期目标的同时，实现资金的高效利用，避免资源浪费与不必要的开支。在预算编制时，需要充分考量展览各环节的绿色需求，如选用环保材料虽可能单价较高，但从长期与整体环保效益看是必要投入；管理过程中，严格把控每一笔资金流向，确保其符合绿色标准与预算规划。绿色展览财务在绿色展览的策划、组织与实施过程中发挥着至关重要的作用。绿色展览财务的首要作用是确保绿色展览的经济可行性。通过对绿色展览项目的预算、成本、收益进行全面分析，评估项目的经济效益，为决策者提供有力的数据支持，这有助于确保绿色展览项目在有限的资源下得到最优的配置，避免资源浪费和财务风险。

一、绿色展览的财务预算的目的与意义

绿色展览财务通过提供资金支持，推动绿色展览的创新与发展。例如，为绿色展览项目提供研发资金，鼓励使用环保材料、节能技术、绿色能源等，降低展览对环境的影响。同时，通过资金扶持，推动绿色展览的创意设计与策划，提升展览的吸引力和影响力。绿色展览财务在促进绿色展览的可持续发展方面发挥着重要作用。通过制定绿色展览的财务规划，确保展览项目在经济效益、社会效益和环境效益之间取得平衡。这包括合理安排展览的周期、规模、地点等，避免过度开发对环境的破坏，以及通过财务手段引导参展商和观众关注环保问题，推动绿色消费和可持续发展。绿色展览财务通过优化资源配置，提升绿色展览的市场竞争力。例如，通过财务分析，确定展览项目的目标客户群和市场需求，从而制定更具针对性的营销策略和推广方案。同时，通过财务手段引导参展商提供高质量的环保产品和服务，提升展览的品牌形象和知名度。绿色展览财务还承担着加强绿色展览的财务风险管理的责任。通过对展览项目的财务风险进行识别和评估，制定相应的风险应对策略和措施。这包括建立财务风险预警机制，及时发现和应对潜在的财务风险；以及通过合理的财务规划和资金安排，确保展览项目的稳健运营和持续发展。绿色展览财务还支持绿色展览的公众参与和环保教育活动。通过提供资金和资源，组织丰富多彩的环保讲座、论坛、展览等活动，提高公众的环保意识和参与度。同时，通过绿色展览的示范效应，引导公众关注环保问题，推动环保理念在社会中的普及和传播。

（一）绿色展览的财务预算的目标

制定绿色展览的财务预算是确保展览活动在经济效益、环保效益和社会效益之间取得平衡的关键步骤。首先，需要明确绿色展览的预算目标，这通常包括展览的总预算、预期收益、成本控制等。预算目标应与绿色展览的整体目标和战略保持一致，同时考虑环保要求、参展商需求、观众体验等因素。其次，对绿色展览的财务数据进行收集与分析。收集以往类似展览的财务数据，包括成本、收入、利润等，以便进行参考和对比。

了解当前市场趋势、参展商和观众的需求，以及竞争对手的情况，为制定预算提供依据。考虑绿色展览的环保要求，如使用环保材料、节能技术等，这些都会增加一定的成本。

（二）绿色展览的财务预算框架的制定

根据绿色展览的特点和要求，制定一个详细的预算框架，场地费用：包括场地租赁，若选择在城市中心的环保型展馆，租金可能相对较高；场地布置费用，如使用可回收的模块化展台搭建材料，虽成本可能高于传统一次性材料，但考虑到后续回收利用价值，需综合评估。例如，租赁一个 1 000 平方米的绿色展馆，租金可能每日每平方米 50 元，布置费用预计每平方米 100 元。展位费用：根据展位面积、位置和环保要求等因素，制定合理的展位费用标准。宣传费用：包括广告投放、媒体合作、社交媒体推广等。选择环保、高效的宣传方式，提高展览的知名度和影响力。展品采购或租赁，对于绿色科技类展品，其采购成本可能较高；运输费用，优先选择新能源运输车辆，虽运输单价可能因车辆续航等问题有所波动，但长期来看符合环保与成本控制目标。假设一件新型太阳能设备展品采购价为 5 万元，使用新能源货车运输 200 千米，每千米运输成本 2 元。人员费用：涵盖展览策划、设计、运营、安保等各类人员的薪酬。包括工资、社会保险、差旅费等。合理安排人员配置，提高工作效率和降低人力成本。物料费用：包括展览用具、宣传资料、礼品赠品等。招聘具有绿色展览经验的专业人才，其薪酬水平可能会高于普通展览人员。例如，招聘一名绿色展览策划师，月薪可能在 1.5 万元左右。选择环保、可回收的物料，减少资源浪费。其他费用：如保险费、税费、法律咨询费等。这些费用虽然相对较小，但也需要在预算中予以考虑。如水电费，优先选用节能设备降低能耗，同时考虑使用清洁能源，其费用计算需结合展览时长与设备功率；清洁费，采用环保清洁用品，其价格可能略高于传统清洁用品。假设展览为期 5 天，使用节能设备后水电费预计每天 1 000 元，环保清洁用品采购与清洁人员费用共 2 万元。

（三）绿色展览财务预算的审批与调整

根据预算框架，编制详细的预算表格，列出各项费用的预计金额和总预算。预算表格应清晰、详细，便于跟踪和控制预算执行情况。将预算表格提交给相关部门或领导进行审批。在审批过程中，可能会根据实际情况对预算进行调整。调整后的预算应更加符合绿色展览的实际需求和环保要求。在绿色展览的执行过程中，密切监控预算的执行情况。定期对比实际支出与预算的差异，分析原因并采取相应措施进行调整。同时，加强与参展商、观众等利益相关方的沟通与合作，共同推动绿色展览的顺利进行。在绿色展览结束后，对预算进行总结和评估。分析预算执行情况、成本控制效果以及经济效益和社会效益等方面的情况。根据评估结果，为未来的绿色展览财务预算提供参考和改进建议。

二、绿色展览的财务管理

绿色展览的财务管理是一项综合性工作，涉及资金的筹集、使用、监控和评估等多个方面。健全绿色财务管理理念，绿色财务管理将环境保护和资源节约的理念融入企业的财务管理活动中，通过对财务资源的合理配置和有效利用，实现企业经济效益、社会效益和环境效益的协调统一。

（一）绿色展览的财务管理内容

在资金的筹措阶段，绿色展览需要考虑如何通过绿色金融工具，如绿色信贷、绿色债券等，来筹集资金。这可能涉及与银行和金融机构的合作，以及利用政府的绿色金融政策和激励措施。有效的成本控制：在展览的筹备和实施过程中，要注重成本控制，特别是减少非必要的资源消耗和浪费。这包括对材料、能源和人力成本的有效管理。健全的风险管理：重视财务管理绿色转型过程中的风险管控，构建财务管理风险体系，对风险进行准确识别，从而有效地规避“低碳”经济所面临的各类风险。完整的内部审计和财务报告与披露：加强内部绿色审计，确保绿色展览的财务管理活动符合绿色标准和政策要求。在绿色展览结束后，需要编制财务报告，披露绿色展览的财务状况和环境影响，包括资源消耗、废物产生和减排效果等。健全的团队建设：打造财务管理绿色转型专业团队，加大对人才的培养力度，引进和培养高层次、高素质的专门人才，提升财务管理人员的管理能力和专业水平。充分的政策利用：充分利用国家和地方政府提供的绿色金融政策和激励措施，如税收优惠、财政补贴等，降低绿色展览的财务成本。

（二）绿色展览的财务管理策略

在采购过程中优先选择环保材料和服务，以减少对环境的影响。优化展览流程，减少浪费，如合理安排运输、减少能源消耗等。通过提供环保产品和服务，如绿色餐饮、环保纪念品等，增加展览的附加价值和吸引力。设定合理的价格策略，确保收益与成本之间的平衡。识别展览过程中可能面临的环境风险和社会责任风险，如环境污染、资源浪费等。制定应对措施，如建立废弃物回收体系、加强环保宣传等，以降低这些风险。设立专门的财务监控小组，负责跟踪展览活动的财务状况。定期编制财务报告，分析预算执行情况、成本控制效果以及收益情况。开展财务评估，在展览结束后进行全面的财务评估，包括经济效益、环保效益和社会效益等方面的评估。根据评估结果总结经验教训，为未来的绿色展览提供改进建议。

（三）提升财务管理的具体方式

为了能够更高效地完善财务管理体系，在绿色展览财务管理过程中应提高企业员工特别是财务人员素质，应充分认识社会生态资源环境的重要性以及生态环境对全人类的重要影响，增强资源环境意识，加快从传统财务管理理论向绿色财务管理理论转变的步伐。实行绿色会计制度，绿色会计主要以价值形式对环境及其变化进行确认、计量、披露、分析以及可持续发展研究，以便为决策者提供环境信息的一种会计理论和方法。这包括新增会计科目，使绿色财务管理在应用时对一些要素有案可稽，以及在会计报表和报表分析中设置指标，用以考察企业对于资源保护、环境改善等方面所作的成绩以及存在的不足。强化企业内部绿色财务管理手段，企业应在日常管理过程中逐渐改进管理手段，充分考虑市场需求变化，根据市场对绿色产品的需求来做出适时的决策调整，使企业获得更大的经济收益与无形收益。强化财务人员梯队建设：企业需要培养和强化财务人员梯队，以构成建立绿色财务管理体系的人员基础。推动绿色合作借助技术革新，推动绿色合作，包括关注硬件技术升级和软件技术升级，如绿色搭建和会展上线等，以降低实体场景中人力、物力甚至是财力的投入。践行“绿色会展”理念，尽量减少使用纸张、选择数字化办公；从绿色设计入手，将绿色材料和绿色施工贯穿绿色展览的全流程；选择使用可循环利用材料的搭建商；展会期间倡导公共交通出行，减轻交通压力；餐饮点选择使用可降解餐具的供应商。健全绿色展览的标准体系，为绿色会展全过程的实施保驾护航，包括制定相关配套措施，鼓励参展企业减少声光电的污染及能源消耗，鼓励展览工程企业使用环保材料设计施工，自行回收展台，减少垃圾产生及环境污染。通过这些具体方式，绿色展览的财务管理能够实现资源的合理配置和有效利用，促进企业经济效益、社会效益和环境效益的协调统一。

【任务小结】

绿色展览的人员安排：确保展览活动顺利进行并实现环保目标的重要环节。绿色展览的人员安排涉及多个方面。绿色展览团队并非简单的人员集合，而是会聚了多领域专业人才，旨在将环保理念贯穿展览筹备、举办及后续的各个环节。

绿色展览的财务预算与管理：举办绿色展览过程中，对涉及的所有资金收支进行精准规划、严格控制与有效监督的一系列活动。它并非简单的资金核算，而是贯穿展览筹备、开展及后续评估全流程的系统性管理，致力于在确保展览充分体现绿色理念并达成预期目标的同时，实现资金的高效利用，避免资源浪费与不必要的开支。

【案例】

链博会入选《中国绿色展览发展报告 2024》优秀案例

中国国际供应链促进博览会（以下简称链博会）是全球首个以供应链为主题的国家级展会。首届链博会于 2023 年 11 月 28 日至 12 月 2 日在北京举办，由中国贸促会主办，中展集团承办。作为承办单位，中展集团通过实行“绿色搭建、绿色运营、绿色餐饮、绿色物流、绿色推广”的五环联动，致力于打造低碳、环保、可持续的展览平台。中展集团还与中国太平洋保险公司合作，制定了首届链博会碳信用、碳普惠等碳中和方案。同时，首届链博会通过了北京市绿交所的碳中和认证，获得“碳中和证书”。

第二届链博会将于 2024 年 11 月 26 日至 30 日在北京中国国际展览中心（顺义馆）举办，展出规模约 10 万平方米，设置先进制造链、清洁能源链、智能汽车链、数字科技链、健康生活链、绿色农业链等六大链条和一个供应链服务展区。第二届链博会将继续秉承国际化、专业化、市场化、绿色化的办展理念，为全球经贸界奉献一场质量更优、看点更多、成效更佳的盛会。中展集团拥有中国国际展览中心朝阳馆和顺义馆两大展馆。在办展过程中，中展集团大力倡导绿色会展新模式，并在实践中贯彻低碳、绿色、环保的理念。在场馆维护和建设方面，中展集团将建设低碳智慧场馆作为改革创新的重点任务。制定场馆绿色智能改造方案，逐年提升可再生能源在冬季供热总量和夏季供冷总量中的比例。同时，启动场馆数字化管理平台建设，运用互联网、物联网、AI、大数据等信息化手段，对老旧设备进行数字化升级改造，并实时监控新型节能设施的运行情况。

在境内外设计搭建方面，中展集团积极推广绿色展具套餐，不断提升绿色展具使用的市场份额。中展工程公司承接了多场国际展会的设计搭建工作，将绿色会展理念带到全球各地。在展会垃圾处理方面，中展集团持续完善管理体系，统筹再生资源管理，实现垃圾的分类回收和循环利用。随着全球对绿色低碳发展的重视日益加深，绿色会展已成为推动经济高质量发展的重要途径。中国展览馆协会发布的《中国绿色展览发展报告 2024》不仅展示了我国绿色会展领域的最新成果，也为未来绿色会展的发展指明了方向。众多优秀案例表明，通过科技创新和模式创新，展览行业完全可以在促进经济发展的同时，实现绿色低碳和可持续发展。未来，随着更多企业和机构加入到绿色会展的行列中来，我国会展行业必将迎来更加广阔的发展前景。

案例分析：一方面，绿色会展的发展能够减小会展活动对环境造成的负面影响，降低会展活动的能源消耗，减少废弃物的产生，保护自然资源和生态环境，促进城市的可持续发展；另一方面，绿色会展的发展能够提高会展业的形象和品牌价值，吸引更多的客户和参展商参与到会展活动中，促进会展业的健康发展。

【任务测试】

1. 什么是绿色展览，绿色展览的内涵有哪些？
2. 绿色展览策划的成功关键要素有哪些？
3. 绿色展览的策划流程包括哪些关键步骤？
4. 绿色展览的评价体系有哪些？

【任务拓展】

绿色展览的实践

绿色展览的成功案例在全球范围内越来越受到重视，它们展示了如何通过创新和可持续的方式举办展览。通过科技创新和模式创新，展览行业可以在促进经济发展的同时，实现绿色低碳和可持续发展。随着全球对绿色低碳发展的重视日益加深，绿色会展已成为推动经济高质量发展的重要途径。

➢ 中国国际供应链促进博览会（链博会）

这是全球首个以供应链为主题的国家级展会，通过实行“绿色搭建、绿色运营、绿色餐饮、绿色物流、绿色推广”的五环联动，致力于打造低碳、环保、可持续的展览平台。首届链博会通过了北京市绿交所的碳中和认证，获得“碳中和证书”。

➢ 中国国际展览中心

中展集团在场馆维护和建设方面，将建设低碳智慧场馆作为改革创新的重点任务，制定场馆绿色智能改造方案，逐年提升可再生能源的使用比例，并启动场馆数字化管理平台建设。

➢ 法国智奥会展“数字碳中和”解决方案

在第四届中国国际进出口博览会上，法国智奥会展携城市会展“数字碳中和”解决方案进行亚洲首发，以“数字碳中和”解决方案加速推动传统展会绿色化、智慧化转型。

➢ 2024 中国国际绿色低碳产业博览会

该博览会以“绿色低碳　融合创新”为主题，聚焦绿色技术交易、双碳认证管理、绿色金融创新协同等领域，展示绿色能源、高效节能、负碳科技等，推动绿色低碳产业的创新发展。

➢ 台北国际建筑建材展

展示了友善环境的材料、节能减碳的制程技术、改善建筑物的能源效率等，王一设计规划展摊时，展现企业亮点也同时兼顾永续。

【实训】

1. 收集你所在城市在展览方面的信息，包括艺术展览、材料展览、新技术发明展览等，从中判断你所在城市举行展览时的具体形式。根据这些正在举行展览的情况，指出展览过程中存在的资源与材料，以及形式等方面存在的环保问题，并提出绿色展览的可实行方案。

2. 随着经济的发展，中国在国际上的地位与日俱增，越来越多的展览将目标放在了中国，而中国越来越多的城市开始努力打造绿色持续可环保的新名片，进一步通过举行各种展览（如艺术品展、高科技展）来拉动城市的经济发展与知名度。成都举办的 ISO 20121 培训，旨在帮助会展从业人员掌握国际大型活动可持续性管理的标准要求与应用方式，减少会展碳排放和展会资源浪费。这表明了绿色展览在提升行业标准和专业知识方面的努力。

国家会议中心作为绿色展馆的代表，国家会议中心在各环节采用绿色设计理念，每一步均按照国家环保标准实施，实现了绿色运营的目标。这展示了绿色展览在硬件设施和运营管理上的实践。查阅相关的资料总结并分析国家会议中心在各环节的绿色会展设计理念以及举办展览时实现环境与资源保护方面的措施。

参考文献

[1] 陈海明，王晓宇. 绿色会展与可持续发展[J]. 科技视界，2020（15）：23-24.

[2] 陈珂. 实践与理念同行：绿色、可持续是会展业高质量发展的必经之路[J]. 中国会展，2021（5）：40-46.

[3] 陈学清. 循环经济视角下绿色会展发展研究[J]. 今日财富，2021（2）：217-218.

[4] 陈泽炎. 关于绿色会议和会展活动的碳中和问题[J]. 中国会展（中国会议），2021（12）：14.

[5] 董军. 绿色会展经济产业化发展之路[J]. 中国会展，2023（11）：58-63.

[6] 杜煜菲，张丽，马怡然，等. 地域文化对会展场馆建设的影响：以上海国家会展中心为例[J]. 江苏商论，2017（6）：11-13.

[7] 范娜娜，冯诗咏，魏唯，等. 绿色发展背景下的会展业循环经济与实践研究：以广州市琶洲展馆项目为例[J]. 现代商业，2021（35）：49-53.

[8] 姜仁良. 会展运营与管理[M]. 北京：机械工业出版社，2014.

[9] 姜新. 企业市场营销的创新问题研究[J]. 东方企业文化，2014（3）：320.

[10] 刘大可. 展览会组织与经营[M]. 北京：中国人民大学出版社，2012.

[11] 刘兰. 基于可持续发展理念的绿色会展探讨[J]. 财讯，2021（9）：185-186.

[12] 刘兰. 论市场经济场域中的会展营销[J]. 科技经济市场，2018（6）：92-95.

[13] 刘晓华，王晓东. 基于循环经济的绿色会展发展研究[J]. 生态经济，2018，34（7）：26-30.

[14] 卢嘉维. 浅谈我国会展经济的未来发展方向[J]. 广东青年干部学院学报，2010（2）：92-95.

[15] 马佩佩，陈林静，李坤治. 国内会展业发展新趋势的研究综述[J]. 中国市场，2023（8）：52-54.

[16] 马文明. 浅谈互联网时代的营销创新[J]. 现代营销（经营版），2019（2）：1.

[17] 潘奥杰. 数字经济背景下会展产业信息化转型升级研究[J]. 全国流通经济，2023（5）：129-132.

[18] 潘旭. 可持续发展视角下的纸业展览与会展场馆环境保护研究[J]. 造纸装备及材料，2023（9）：5-7.

[19] 钱元元. 体验经济视角下会展营销策略研究[J]. 信阳农林学院学报，2016（3）：60-62.

[20] 苏朝晖. 客户关系管理：客户关系的建立与维护[M]. 北京：清华大学出版社，2021.

[21] 唐雪. 践行绿色理念，打造生态会展[J]. 中国会展，2021（5）：54-55.

[22] 田源. 浅析新发展理念下“绿色会展”的高质量发展路径[J]. 品牌研究，2021（35）：8-10.

[23] 王翔. 绿色会展发展的困境与对策研究[J]. 商展经济，2023（24）：7-10.

[24] 肖龙，刘慧英，吴锦兰，等. 中国绿色会展发展现状、存在问题与优化对策[J]. 商展经济，2021

（4）：4-6.

[25] 徐娜. 可持续发展下绿色会展的问题及发展对策研究[J]. 绿色科技，2020（2）：244-245.

[26] 许传宏. 会展策划与管理[M]. 武汉：华中科技大学出版社，2019.

[27] 许敏. 迈向新生解读会议行业将面临的机遇与趋势[J]. 中国会展（中国会议），2019（24）：60-61.

[28] 许明昊，赵雅慧，张李啦，等. 数字经济时代装备制造业企业高质量发展研究[J]. 现代工业经济和信息化，2024，14（2）：75-76，79.

[29] 岩雨庭. 论我国会展营销策略研究[J]. 旅游纵览（下半月），2014（2）：248.

[30] 伊亚尔·诺尔，孙淑华. 知不足而后进：影响展览业的竞争力的因素分析[J]. 中国会展，2017（5）：88-89.

[31] 张静. 数字经济时代会展业绿色发展的实践路径研究[J]. 商业经济，2023（10）：21-24.

[32] 张晓东，郭英. 绿色会展的实践与思考[J]. 绿色中国，2017（A07）：46-49.

[33] 张晶. 绿色会展：可持续发展的新风向：以西安市绿色会展为例[J]. 中国会展，2023（13）：62-65.

[34] 张子涵，林晓漫，邱燕舒，等. 会展节事活动的碳中和实践机制分析[J]. 中国科技成果，2022，23（22）：37-40.

[35] 赵寒影. “双碳”背景下绿色会展发展趋势研究[J]. 商展经济，2023（12）：1-3.

[36] 周海宇，谭玲. 重庆“绿色会展”发展现状及对策分析[J]. 企业技术开发，2014，33（11）：58-59.

[37] 绿色展览运营指南[S]. 2023-03-17 发布.

[38] KOTLER P，KELLER K L. Marketing management（15th ed.）[M]. Philip Kotler：Pearson Education，2016.

[39] SCHULTZ D E，MORIARTY S J. Advertising：Principles and Practice（5th ed.）[M]. Prentice Hall，2003.

[40] SCHULTZ D E，TANNENBAUM S I，LAUTERBORN R F. Integrated marketing communications：putting it together & making it work[M]. Lincolnwood：NTC Business Books，1993.